Königliche Generaldirektion der Sächsischen Staatseisenbahnen

Sächsische Nebenbahnen (1886)

ISBN/EAN: 9783861952879

www.tecboooks.net

Inhalt.

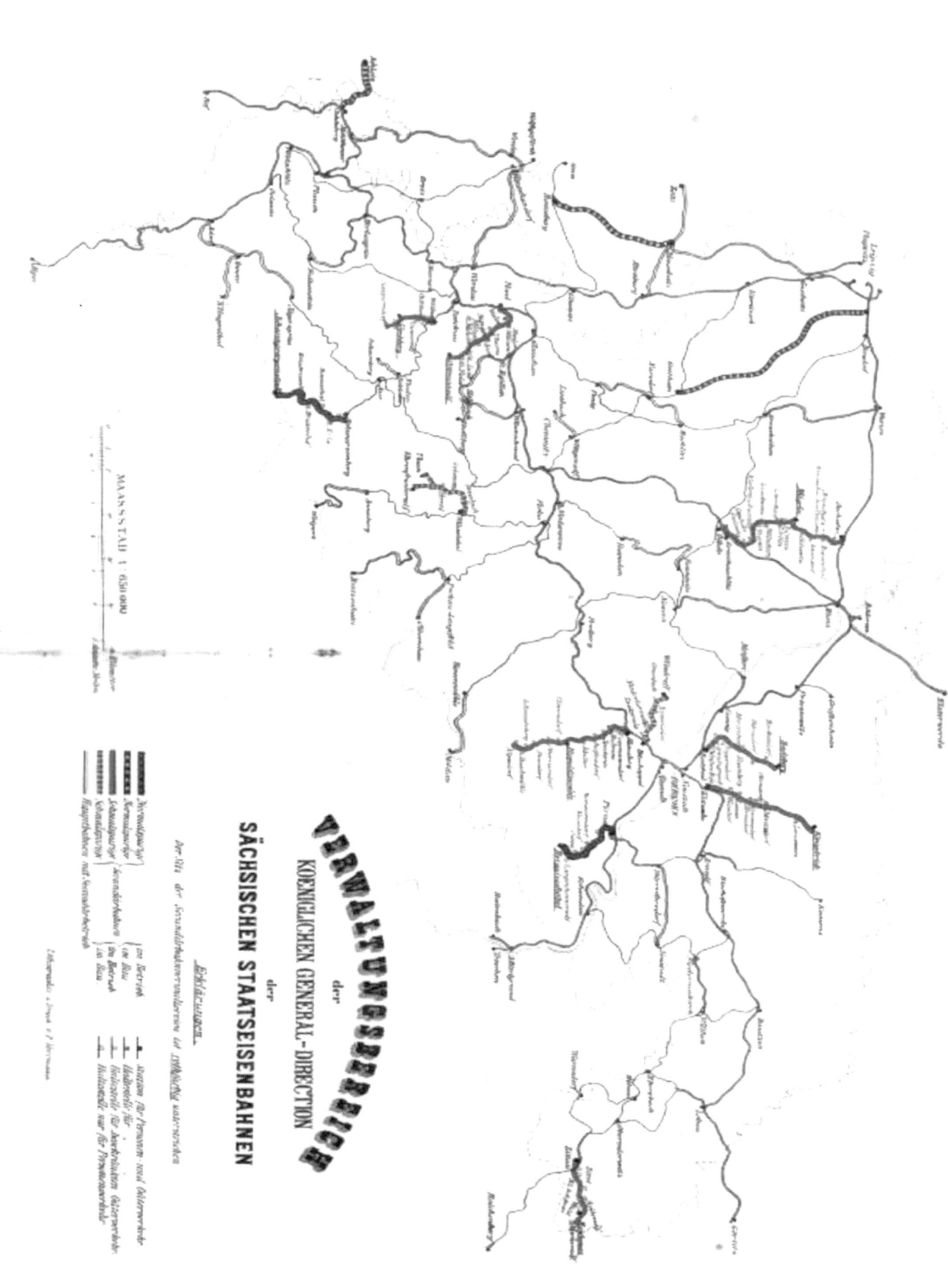

VERWALTUNGSBEREICH

der

KOENIGLICHEN GENERAL-DIRECTION

der

SÄCHSISCHEN STAATSEISENBAHNEN

Erklärungen.

MAASSSTAB 1: 650 000

I. Historische Entwickelung des Sekundärbahnwesens.

a) im Allgemeinen.

Die fortschreitende Vermehrung der Eisenbahnen in allen Kulturländern und die hierdurch bedingte Verdichtung des Eisenbahnnetzes brachte es mit sich, dass nach und nach auch solche Gegenden Schienenverbindungen erhielten, bei denen die Vorbedingungen einer stärkeren Verkehrsentwickelung nicht vorhanden waren. Dabei machte sich gerade bei solchen Linien nicht selten die Nothwendigkeit geltend, ungünstigere Bau- und Betriebsverhältnisse zu überwinden. Denn während bei der Anlegung der zuerst entstandenen grossen Eisenbahnlinien in der Regel der durch die Natur selbst vorgezeichnete Weg eingehalten werden konnte und auch thatsächlich eingehalten wurde, war die Einbeziehung jener entlegeneren Verkehrsgebiete in das Eisenbahnnetz zum Theil nur unter schwierigeren Voraussetzungen zu ermöglichen. Wurden nun auch diese Schwierigkeiten Dank der unausgesetzt fortschreitenden Technik immer leichter überwunden, so liess sich doch die Folge nicht beseitigen, dass bei einem Theil dieser Linien sowohl die Bau- als auch die Betriebskosten verhältnissmässig höhere wurden, und diese Erhöhung musste sich in finanzieller Beziehung um so fühlbarer machen, je mehr der Verkehr der einzelnen Strecke hinter dem gewöhnlichen Durchschnitte zurückblieb.

Diese Verhältnisse, welche sich in fast allen Deutschen Ländern gleichmässig geltend machten, liessen verhältnissmässig früh das Bedürfniss hervortreten, nicht nur beim Bau derartiger Eisenbahnen grössere Einfachheit walten zu lassen, sondern auch die Betriebskosten auf ein niedrigeres Mass zu reduziren. Die Mittel, welche zur Erreichung dieses Zieles angewandt wurden, waren je nach den Verhältnissen des einzelnen Falles verschieden. Im allgemeinen suchte man — was die Anlage betrifft — durch grössere Einfachheit in den Kunst- und Hochbauten eine Kostenersparniss herbeizuführen, während beim Betriebe dasselbe Ziel durch Verminderung der Zugszahl sowie durch thunlichste Einschränkung des Beamtenetats angestrebt wurde.

Am deutlichsten zeigten sich diese Bestrebungen bei den Lokalbahnen, also bei denjenigen Bahnlinien, die ihrer geographischen Lage nach lediglich auf die Vermittelung rein lokaler Verkehrsinteressen angewiesen waren. Als Linien dieser Gattung kamen in den verschiedenen Ländern Deutschlands eine grosse Anzahl Bahnen in Betracht; es waren dies theils Kohlen- und Erzbahnen mit nur schwachem Personentransport mittelst gemischter, langsam fahrender Züge, theils kurze Zweig- und Sackbahnen, die vermöge ihrer Lage an dem durchgehenden Verkehre nicht Theil nehmen konnten, theils endlich Omnibusbahnen, die — wie z. B. die Nürnberg-Fürther Linie — fast ausschliesslich dem Personenverkehre dienten.

Doch waren auch bei diesen Bahnen die Abweichungen von der gewohnten Bau- und Betriebsweise nicht prinzipieller Natur; ihre Eigenart zeigte sich nur in der grösseren Einfach-

heit der Verkehrseinrichtungen und in der Beschränktheit des thatsächlich zu bewältigenden Verkehrs, nicht aber in konstruktionellen Abweichungen von den allgemeinen Bau- und Betriebsnormalien. Die prinzipielle Gleichartigkeit der dem öffentlichen Verkehr dienenden Eisenbahnen galt hierbei als etwas selbstverständliches sowohl in den Augen der Techniker, als in denen des Publikums, und auch die Gesetzgebung theilte diesen Standpunkt, indem sie alle Eisenbahnanlagen ohne Rücksicht auf ihren Zweck gleichmässig behandelte.

Eine Aenderung in diesen Anschauungen wurde zuerst herbeigeführt durch den bedeutenden Aufschwung, den der Deutsche Eisenbahnbau in den Jahren 1865—1875 nahm. Die grosse und schnelle Vermehrung der Eisenbahnen, welche hiermit verbunden war, hatte unter anderem auch viele Unternehmungen ins Leben gerufen, bei denen die Vorbedingungen wirthschaftlicher Prosperität in noch viel geringerem Masse vorhanden waren, als selbst bei den minder verkehrsreichen Bahnen der früheren Periode. Im Gegensatz zu den älteren Bahnen, deren Mehrzahl sich von vornherein in der günstigen Lage befunden, an bereits vorhandene Verkehrsbeziehungen und zwar — was die Durchgangslinien betrifft — an die Beziehungen der grossen Verkehrscentren unter einander anknüpfen zu können, war beim Bau dieser neuen Strecken — mochten sie nun in erster Linie als Konkurrenzrouten gegen bereits bestehende Schienenwege erbaut oder aber auf die Erschliessung originärer Verkehrsbeziehungen berechnet sein — in vielen Fällen nicht sowohl die Rücksicht auf ein bereits bestehendes Verkehrsbedürfniss, als vielmehr die Hoffnung auf die Entwickelung derartiger Verkehrsbedürfnisse massgebend gewesen. Dass diese Hoffnung aber nicht selten trügerisch gewesen, zeigte sich leider nur zu bald, und so kam es, dass viele jener neuen Unternehmungen schon in den ersten Jahren ihres Bestehens mit mannigfachen Schwierigkeiten finanzieller Natur zu kämpfen hatten, die in ihren Wirkungen durch die wirthschaftliche Krisis der Jahre 1873—1878 noch wesentlich verschärft wurden.

Diese Verhältnisse, die nicht allein die Rentabilität, sondern zum Theil sogar die Existenz der neu entstandenen Bahnunternehmungen in Frage stellten, mussten nach und nach von selbst den Gedanken nahelegen, bei derartigen „nothleidenden" Linien durch eine energische Weiterverfolgung der schon beim älteren Eisenbahnbetrieb angewandten Ersparnissmassregeln eine möglichst durchgreifende Einschränkung der Betriebskosten herbeizuführen, um hierdurch das nothwendige Gleichgewicht zwischen Einnahme und Ausgabe herzustellen.

Gleichzeitig hiermit wurde aber auch die Frage angeregt, ob bei den Lokalbahnen, also bei denjenigen Linien, die für den durchgehenden Verkehr überhaupt nicht in Betracht kommen, nicht auch in baulicher Beziehung Abweichungen von den Hauptbahnen zu gestatten seien, vermöge deren eine weitere Reduktion der Bau- und Betriebskosten erzielt werden könnte.

1

Es stellte sich immer mehr heraus, dass der grosse Betriebsapparat, den man bislang als mit dem Eisenbahnwesen untrennbar verbunden geglaubt und der mithin auch auf den einfacher bewirthschafteten Nebenlinien im Prinzip aufrecht erhalten worden war, für einen grossen Theil der nur dem lokalen Verkehr dienenden Bahnunternehmungen nicht ohne erhebliche Schädigung des finanziellen Interesses beibehalten werden könne. Denn es lag auch auf der Hand, dass die Betriebseinnahmen solcher Bahnen, namentlich soweit sie in dünn bevölkerten und minder entwickelten Landestheilen gelegen waren, auch unter normalen Verkehrsverhältnissen ein gewisses bescheidenes Mass nicht überschreiten konnten und selbst bei günstiger Verkehrsentwickelung weit hinter den Einnahmeziffern der dem grossen Verkehr dienenden Bahnunternehmungen zurückbleiben mussten. Hiergegen waren die Betriebsausgaben, die diese kleineren Bahnen zu übertragen hatten, in vielen Beziehungen dieselben, wie bei den primär betriebenen Linien. Sowohl die Gesetzgebung, als auch die traditionellen Ansprüche des Publikums erheischten — und zwar sowohl in Ansehung des Baues als auch des Betriebes — zahlreiche Einrichtungen, welche über die finanziellen Kräfte derartiger Transportunternehmungen weit hinausgingen, und die Vereinfachungen, welche die einzelne Verwaltung im Rahmen der gegebenen Normalien vornahm und vornehmen konnte, waren in ihrem pekuniären Effekte nicht von dem Belang, um dieses Missverhältniss in wirksamer Weise ausgleichen zu können.

Je mehr aber diese Umstände in den Betriebsergebnissen zur Erscheinung kamen, um so dringender machte sich die Nothwendigkeit geltend, im Interesse der Rentabilität eine entsprechende Aenderung der Bau- und Betriebsvorschriften für Nebenlinien mit geringerem Verkehr anzustreben.

Hand in Hand hiermit brach sich aber auch die Ueberzeugung Bahn, dass der gewohnte grosse Apparat in vielen Beziehungen auch aus in der Sache selbst liegenden Gründen für Bahnen der hier fraglichen Gattung nicht nothwendig sei und dass namentlich zahlreiche Vorschriften, die auf die Sicherheit des Betriebes sich bezogen, bei solchen Linien ohne weiteres entbehrt werden könnten.

Schon längst hatte man erkannt, dass die Gefahren, die man ursprünglich mit dem Eisenbahnbetriebe untrennbar verbunden glaubte und die vielleicht auch die Gesetzgebung zum Erlass mancher strengen Bestimmung veranlasst haben mochte, in mehreren Beziehungen weit überschätzt worden waren. Die musterhafte Ordnung auf den Deutschen Eisenbahnen, die unausgesetzte Vervollkommnung der technischen Anlagen und die Gewöhnung des Publikums hatten das Ihrige dazu beigetragen, den Bahnbetrieb im allgemeinen nach und nach in einem minder gefährlichen Lichte erscheinen zu lassen, als dies in der ersten Zeit des Eisenbahnwesens der Fall war, wie denn auch das Beispiel anderer Länder, wo zum Theil von Anfang an wesentlich freiere Grundsätze hinsichtlich der Betriebssicherung zur Anwendung gebracht worden waren, nicht ohne Einfluss auf die allgemeine Anschauungsweise geblieben war. Dabei war nicht zu verkennen, dass gerade diejenigen Momente, aus denen seinerzeit die öffentliche Meinung vorzugsweise die Gefährlichkeit des Eisenbahnbetriebes im allgemeinen hergeleitet hatte, bei einem grossen Theil der neuen Nebenbahnen in wesentlich geringerem Masse in Betracht kamen, wie bei der Mehrzahl der für den grossen Verkehr bestimmten älteren Eisenbahnlinien. Während andere Verkehrsinstitute von der Bewältigung lokaler Aufgaben erst nach und nach zu der Vermittlung entfernterer Verkehrsbeziehungen übergegangen waren, hatte die Eisenbahn gewissermassen den umgekehrten Entwickelungsgang genommen. Dasselbe Institut, welches ursprünglich nur in dem schnellen Transporte grosser Massen und auf weite Entfernungen seine Bestimmung zu finden schien, war nebenbei immer mehr zum Vermittler provinzialer und lokaler Verkehrsinteressen geworden. Die zahlreichen Lokalbahnen, die in allen Gegenden Deutschlands entstanden waren, hatten mit den grossen Eisenbahnlinien, abgesehen von der allen Bahnen gemeinsamen Verwendung der Dampfkraft auf Schienengleisen, nur noch wenig gemeinsames; sowohl ihre Aufgaben, als auch ihre Leistungen waren wesentlich andere und hiermit musste von selbst eine ins Gewicht fallende Modifikation derjenigen Einwirkungen verbunden sein, die der Eisenbahnbetrieb in seinen Beziehungen zum allgemeinen Verkehr — speziell aber in Ansehung der öffentlichen Sicherheit — im Gefolge hatte. Denn während bei den grossen Eisenbahnlinien die Intensität des Verkehrs infolge der mit der Zeit stetig vermehrten Fahrgeschwindigkeit, der zunehmenden Zugszahl und Zugsstärke, sowie der wachsenden Komplizirtheit der Verkehrsanlagen und namentlich auch des Rangirgeschäfts von Jahr zu Jahr gestiegen war, sah man sich bei den Nebenbahnen aus Gründen wirthschaftlicher Natur veranlasst von vornherein die entgegengesetzte Richtung einzuschlagen. Hier galt es von Anfang an, den untergeordneten Verkehrsverhältnissen durch thunlichste Einschränkung der Ausgaben ein wirthschaftliches Gegengewicht entgegen zu stellen. Folge hiervon war, dass die betriebliche Einrichtung ebenso wie die administrative Ausstattung auf das äusserste Mass beschränkt wurden und je mehr man sich daran gewöhnte, die Eisenbahn auch als Vermittlerin derartiger lokaler Verkehrsbeziehungen zu betrachten, um so allgemeiner wurde das Bestreben nach Vereinfachung der Verkehrseinrichtungen, um so bemerklicher aber auch die Unterschiede des modernen Nebenbahnbetriebes von der gewohnten Betriebsweise.

Unter diesen Umständen war es erklärlich, dass ein grosser Theil derjenigen Vorschriften, die seinerzeit mit Rücksicht auf die Sicherheit des Verkehrs für den Eisenbahnbetrieb im allgemeinen erlassen worden waren, für die neuen Unternehmungen nicht mehr passen wollten. Namentlich kam in Betracht, dass bei dem weitaus grössten Theile dieser Bahnen schon aus ökonomischen Gründen die Annahme einer bedeutend ermässigten Fahrgeschwindigkeit geboten erschien, womit von selbst einer der hauptsächlichsten Gründe, die bislang für die Aufrechterhaltung der vielfachen Sicherheitsvorschriften massgebend gewesen waren, für Bahnen dieser Gattung in Wegfall gelangte. Wenigstens liess die verhältnissmässige Kürze der Entfernungen eine Ermässigung der Zuggeschwindigkeit in den meisten Fällen als zulässig erscheinen, wie denn überdies die durch den lokalen Charakter dieser Bahnen bedingte grössere Zahl der Haltestellen nicht selten die Anwendung eines geringeren Geschwindigkeitsmasses auch aus technischen Gründen nothwendig machte. Hierzu kam, dass die geringere Belastung der Züge, die verminderte Zahl der täglichen Zugsverbindungen, die Einfachheit der Stationsanlagen, sowie theilweise auch die leichtere Konstruktion der Betriebsmittel eine Gefährdung des Bahnbetriebes, sowie auch des sonstigen Verkehrs in geringerem Masse befürchten liessen, als dies bei den dem grossen Verkehr dienenden Eisenbahnlinien erfahrungsgemäss der Fall ist.

Diese Umstände führten schliesslich dazu, dass man auch in Deutschland die Einrichtung des sogen. sekundären Betriebes für Lokalbahnen in Erwägung zog. Hierbei gaben die Vorgänge in England und Skandinavien ein gutes Vorbild. Dort waren namentlich in den abgelegenen und weniger bevölkerten Distrikten Eisenbahnlinien gebaut worden, welche — obwohl für Personen- und Gütertransport bestimmt — deshalb billiger zu bauen und zu betreiben waren, weil auf viele Annehmlichkeiten der Hauptbahnen und namentlich auf die grosse Fahrgeschwindigkeit von vornherein verzichtet worden war. Diese Bahnen wurden — weil sie in mehrfachen Beziehungen hinter der gewöhnlichen Vorstellung von Eisenbahnen zurückblieben — gemeinhin als Sekundärbahnen bezeichnet; ihre hauptsächlichsten Abweichungen von den Hauptbahnen zeigten sich namentlich in der Annahme schärferer Steigungen und Kurven, in der Verwendung leichterer Schienen, hölzerner Brücken, einfacher Hochbauten und — hinsichtlich des Betriebes — in der verminderten Geschwindigkeit der Züge, der Einschränkung der Beamtenzahl, sowie in der geringeren Rücksichtnahme auf die Bequemlichkeit der Reisenden.

Die erste Bahn Deutschlands, welche nicht blos in ihrem Bau, sondern auch in ihrem Betriebe durchweg den Charakter einer Sekundärbahn aufwies, war die schmalspurige Brölthalbahn (Spurweite 0,785 m), welche auf der Strasse von Hennef nach Waldbröl angelegt und mit einer Zweigbahn von Schönenberg in das Saurenbacherthal verbunden ist. Dieser Bahn, deren letzte Theilstrecke Ruppichteroth-Waldbröl im September 1870 dem Verkehre übergeben wurde, folgten bald die gleichfalls schmalspurig angelegten Linien von Ocholt nach Westerstede in Oldenburg (Spurweite 0,750 m) und von Salzungen nach Kaltennordheim in Thüringen (Spurweite 1,00 m), welche letztere unter dem Namen „Feldabahn" allgemeiner bekannt ist. Der Betrieb dieser Linien wurde — im Mangel allgemeingültiger Vorschriften für Sekundärbahnen — durch besondere Polizeiverordnungen der Verwaltungsorgane geregelt.

Die Reichsorgane beschäftigten sich mit der hier in Rede stehenden Materie zuerst im Jahre 1876, woselbst im Reichs-Eisenbahnamt ein Entwurf zu den „Bahnpolizei- und Signalvorschriften für schmalspurige wie für Bahnen von untergeordneter Bedeutung" ausgearbeitet wurde.

Bereits früher hatten innerhalb der technischen Kommission des Vereins Deutscher Eisenbahnverwaltungen Berathungen über diesen Gegenstand — namentlich soweit es sich um Fragen betrieblicher Natur handelte — stattgefunden, deren Ergebniss in einem zunächst als Manuskript gedruckten Entwurfe, betreffend die Grundzüge für die Gestaltung der sekundären Eisenbahnen, in einer am 26. Mai 1876 in Konstanz zusammengetretenen Technikerversammlung zur Vorlage gelangte und sodann mit einigen Modifikationen in der am 31. Juli desselben Jahres zu München anberaumten Generalversammlung des Vereins von den Vereinsverwaltungen angenommen wurde. Den Ausführungen dieses Entwurfes gebührt das Verdienst, die prinzipiellen Unterschiede des Haupt- und Nebenbahnbetriebes in anschaulicher Weise hervorgehoben und hierbei die volkswirthschaftliche Nothwendigkeit umfassender Vereinfachungen im Bau und Betriebe für Bahnen der letzteren Gattung nachgewiesen zu haben. Auch hierbei wurde davon ausgegangen, dass der weitere Ausbau des Deutschen Eisenbahnnetzes nur dann wirksam gefördert werden könne, wenn sich Mittel und Wege finden liessen, um die Anlage- und die Betriebskosten der Lokalbahnen wesentlich herabzumindern.

In Anknüpfung an diese „Grundzüge" ward vom Reichs-Eisenbahnamte der bereits erwähnte Entwurf zu den Bahnpolizei- und Signalvorschriften für Bahnen untergeordneter Bedeutung ausgearbeitet; welcher den Eisenbahnverwaltungen zu Anfang des Jahres 1877 zur Prüfung und gutachtlichen Aeusserung zugefertigt wurde. Die Bestimmungen jenes Entwurfes schlossen sich im wesentlichen an die in den Grundzügen enthaltenen Vorschriften an und statuirten nur in einzelnen Beziehungen Abweichungen, die später auch nur zum Theil in die Bahnordnung für Deutsche Eisenbahnen untergeordneter Bedeutung übergegangen sind. Die Publikation dieser Bahnordnung erfolgte — nachdem der Entwurf am 6. Juni 1878 mit einigen unwesentlichen Modifikationen im Bundesrathe zur Annahme gelangt war — in No. 24 des „Centralblattes für das Deutsche Reich" vom 14. Juni 1878 mit der Massgabe, dass die Bahnordnung mit dem 1. Juli 1878 in Kraft trat.

Die hauptsächlichsten Erleichterungen, welche die Bahnordnung für Eisenbahnen untergeordneter Bedeutung gegenüber den bezüglichen Vorschriften des Betriebsreglements und der Bahnpolizei-Ordnung für die Anlage und den Betrieb der Lokalbahnen mit sich brachte, waren folgende:

1. Die Bahnbewachung fällt bei einer Fahrgeschwindigkeit bis zu 15 km pro Stunde weg; bei grösseren Geschwindigkeiten, und zwar bis zu 30 km pro Stunde, ist sie nur an frequenten Wegübergängen und an besonders gefährdeten Stellen der Bahn erforderlich.

2. Die Bahnstrecke braucht — im Gegensatz zur Hauptbahn, welche dreimal täglich revidirt werden muss — nur einmal täglich revidirt zu werden.

3. Die Zahl der zu besetzenden Bremsen bei den Sekundärbahnzügen ist eine wesentlich geringere als bei den Personenzügen der Hauptbahnen.

4. Bahneinfriedigungen sind nicht erforderlich.

5. Barrièren für nicht frequente Wegeübergänge sind überhaupt entbehrlich, für frequente Wegeübergänge dann, wenn dieselben mit einer Geschwindigkeit von nur 15 km pro Stunde befahren werden.

6. Sperrsignale an den Bahnhöfen, sowie Vorsignale für Weichen auf freier Strecke sind nicht vorgeschrieben,
sowie

7. die zulässige Abnutzung der Radreifen an den Maschinen und Waggons ist eine grössere als auf den Hauptbahnen.

Ausser diesen hauptsächlichen Aenderungen wurden durch die neue Bahnordnung noch eine grosse Anzahl minder wichtiger Bestimmungen des Betriebsreglements und der Bahnpolizei-Ordnung in Wegfall gebracht, wodurch in manchen Richtungen gleichfalls Ersparnisse an den Betriebskosten ermöglicht wurden.

Als die wichtigste der durch die Bahnordnung statuirten Neuerungen — und zwar in betrieblicher und finanzieller Beziehung — stellte sich von vornherein die Bestimmung dar, wonach bei den Sekundärbahnen unter gewissen Voraussetzungen der Wegfall der Bahnbewachung und speziell der Niveauübergangs-Bewachung als zulässig erklärt wurde. Es ist bekannt, welche bedeutende Rolle gerade dieses Ausgabekapitel in den Budgets sämmtlicher Bahnverwaltungen spielt, und naturgemäss muss sich dieses Verhältniss bei denjenigen Linien, die — wie die Sächsischen Bahnen — nur dichtbevölkerte Gegenden und zwar vorwiegend in Terraingleiche durchschneiden, besonders ungünstig gestalten. Hieraus erklärt sich, dass beispielsweise bei den Sächsischen Staatsbahnen die Ersparniss, welche bei vollständiger Beseitigung der Bahnbewachung auf den Sekundärbahnen zu erwarten war, auf durchschnittlich 10 000 ℳ. pro Meile veranschlagt werden konnte, und die Erfahrung hat zur Genüge dargethan, dass dieser Betrag keineswegs zu hoch gegriffen war. Dabei ist zu berücksichtigen, dass speziell innerhalb des Sächsischen Staatsbahnbereichs schon früher — bevor an die Erleichterungen der Eisenbahnordnung zu denken — unausgesetzt auf die Einschränkung der Bahnbewachungskosten hingearbeitet worden war, und dass die Bestrebungen gerade bei denjenigen Linien, die nachmals zu Sekundärbahnen erklärt wurden, bereits zu wesentlichen Ersparnissen geführt hatten.

b) in Sachsen.

Innerhalb des Sächsischen Bahnbereiches wurden für die Einführung des sekundären Betriebes nach Massgabe der Bahnordnung für Dentsche Eisenbahnen untergeordneter Bedeutung zunächst folgende Nebenbahnen ausersehen:

Limbach - Wittgensdorf,
Pockau - Olbernhau,
Niederschlema - Schneeberg,
Penig - Narsdorf - Rochlitz,
Potschappel - Hermsdorf.

Von diesen Linien, welche zusammen eine Länge von 46,57 km repräsentiren, dienen die vier zuerst genannten dem Personen- und Güterverkehr, während die zuletzt gedachte Strecke Potschappel-Hermsdorf lediglich den Kohlenverkehr aus einigen Werken des Plauenschen Grundes nach der Dresden-Chemnitzer Staatseisenbahn vermittelt. Sämmtliche Strecken kommen als Nebenlinien für den Durchgangsverkehr nicht in Betracht, auch liessen ihre ungünstigen finanziellen Ergebnisse eine Ersparniss an Betriebskosten ganz besonders wünschenswerth erscheinen.

Die Entscheidung darüber, welche Einschränkungen des Betriebes Platz zu greifen hatten, war von den Verkehrserfordernissen der einzelnen Linie abhängig zu machen. In der

Hauptsache handelte es sich bei diesem ersten praktischen Versuche nur um eine Ermässigung der Fahrgeschwindigkeit, und zwar wurde diese zunächst für alle fünf Linien gleichmässig auf 15 km pro Stunde festgesetzt.*)

Im übrigen beschränkten sich die Reduktionen des Betriebes auf die Einschränkung des Personalbestandes, auf Vereinfachung des Signaldienstes (Beseitigung der Glockensignalisirung, Einziehung der optischen Signale), Beseitigung der Barrièren an den Niveauübergängen und den Wegfall der ersten Wagenklasse in den Sekundärbahnzügen. Die Konzessionen, welche die Bahnordnung rücksichtlich der baulichen Anlage enthält, waren selbstredend für diese Linien, die sämmtlich als Primärbahnen ausgebaut waren, in der Hauptsache gegenstandslos. Ebenso konnten auch diejenigen Vereinfachungen, die bei den späteren Sächsischen Sekundärbahnen in Ansehung der Billet- und Gepäckabfertigung durchgeführt worden sind, im vorliegenden Falle noch keine Anwendung finden, da die zur Verwendung kommenden Hauptbahnwagen die Interkommunikation während der Fahrt nicht gestatten.

Zu diesen Bahnen — auf denen der sekundäre Betrieb am 15. Oktober 1878 eingeführt wurde — kam im Laufe der Zeit noch eine grössere Anzahl Nebenlinien hinzu, die in ihrer Mehrzahl gleichfalls als Primärbahnen ausgebaut waren und erst später — auf Grund analoger Gesichtspunkte — zu Sekundärbahnen im Sinne der Bahnordnung für Deutsche Eisenbahnen untergeordneter Bedeutung erklärt wurden. Es sind dies folgende:

	Länge km		Länge km
Werdau-Weida-Mehltheuer . .	67,66	Segen-Gottesschacht-Kohlenbahn . . . } bei Potschappel	0,83
Herlasgrün-Falkenstein .	22,10	Carolaschacht-Kohlenbahn . . . }	0,93
Grossbothen-Wurzen . .	25,22	Staatskohlenbahnen bei Oelsnitz b/L. . . .	2,03
Stollberg-St. Egidien .	19,46	Staatskohlenbahnen bei Lugau . . .	0,78
Plagwitz-Gaschwitz . .	9,79	Privatkohlenbahnen bei Oelsnitz b/L. und bei Lugau . . .	11,61
Höhlteich-Wüstenbrand .	13,06		
Jägersgrün-Adorf . .	32,41	Altenburg-Zeitzer Bahn mit den anschliessenden Privatkohlenbahnen .	40,91
Zwota-Klingenthal . .	8,04		
Rosswein-Hainichen . .	19,92	und endlich	
Weipert-Annaberg . .	19,05	Gaschwitz-Meuselwitzer Bahn mit den anschliessenden Privatkohlenbahnen	29,27
Reitzenhain-Pockau . .	30,23		
Bienenmühle-Moldau . .	13,27		
Riesa-Nossen	33,53		
Zeithain-Elsterwerda .	21,65		
Neustadt-Dürrröhrsdorf .	16,06		
Deubner Kohlenbahn } bei Potschappel	0,57		
Hänichener " }	12,48		
Rippiener " }	1,00		
Windberg- " }	1,06		

Alle diese Linien**), welche in Gemeinschaft mit den oben erwähnten fünf Strecken eine Gesammtlänge von 499,49 km ergeben, können aus den im Eingange dieses Abschnittes angegebenen Gründen nicht als Sekundärbahnen im eigentlichen Sinne angesehen werden. Es wird deshalb von ihnen — da die vorliegenden Abhandlungen nur den Zweck haben, die als Sekundärbahnen gebauten und als solche betriebenen Eisenbahnen des Königreichs Sachsen in ihren

---

*) Es stellte sich nämlich heraus, dass eine nennenswerthe Ersparniss an Betriebskosten nur durch eine möglichst weitgehende Beseitigung der Bahnbewachung zu erzielen sein werde und diese war — wie schon erwähnt — von Annahme der in der Bahnordnung angegebenen Minimalgeschwindigkeit abhängig. Später hat allerdings auf einigen dieser Linien wieder eine mässige Erhöhung der Fahrgeschwindigkeit stattgefunden.

**) Die Linien Weida-Mehltheuer, Stollberg-St. Egidien, Plagwitz-Gaschwitz, Bienenmühle-Moldau sowie die Staats- und Privat-Kohlenbahnen bei Oelsnitz b/L. sind in gewissen Beziehungen allerdings sekundärbahnmässig ausgebaut worden. Da indess ihr Betrieb von demjenigen der übrigen hier genannten Bahnlinien — und somit auch von demjenigen der Hauptbahnen — im wesentlichen nicht abweicht, so können sie als Sekundärbahnen im eigentlichen Sinne nicht in Betracht kommen.

Abweichungen von den gewohnten Bau- und Betriebsverhältnissen zu schildern — hier nicht weiter die Rede sein.

Als eigentliche Sekundärbahnen, also als Bahnen, die als Sekundärlinien gebaut sind und nach der Bahnordnung für Deutsche Eisenbahnen untergeordneter Bedeutung betrieben werden, kommen in Sachsen zur Zeit folgende Linien in Betracht:

Bezeichnung der Linie	Länge km	Eröffnungszeit	eröffnete Theilstrecke	Bauzeit in Monaten
		a) mit normaler Spurweite (1,435 m)		
1. Pirna-Berggiesshübel . .	14,92	19. Juli 1880	—	14
2. Johanngeorgenstadt-Schwarzenberg .	17,33	20. Sept. 1883	—	30
		b) mit schmaler Spurweite (0,750 m)		
3. Wilkau-Saupersdorf . .	10,05	17. Okt. 1881	Wilkau-Kirchberg	} 16
		1. Nov. 1882	Kirchberg-Saupersdorf	
4. Hainsberg-Kipsdorf . .	25,74	1. Nov. 1882	Hainsberg-Schmiedeberg	} 26
		3. Sept. 1883	Schmiedeberg-Kipsdorf	
5. Oschatz-Döbeln .	30,92	15. Sept. 1884	Mügeln-Grossbauchlitz	} 21
		1. Nov. 1884	Grossbauchlitz-Döbeln	
		7. Jan. 1885	Mügeln-Oschatz	
6. Radebeul-Radeburg .	16,55	16. Sept. 1884	—	14
7. Klotzsche-Königsbrück .	19,49	17. Okt. 1884	—	16
8. Zittau-Markersdorf .	13,72	11. Nov. 1884	—	16

Ausserdem sind gegenwärtig innerhalb des Sächsischen Bahnbereiches noch folgende Sekundärbahnen im Bau begriffen:

Geithain-Leipzig (normalspurig) . . . . 42,4 km lang
Schönberg-Schleiz " . . . 15,2 " "
Meuselwitz-Ronneburg " . . . 25,0 " "
sowie
Mosel-Ortmannsdorf (schmalspurig)*) . . 13,9 " "
Wilischthal-Ehrenfriedersdorf " } 16,0 " "
mit Herold-Thum " }
und
Potschappel-Wilsdruff " . . . 10,9 " "

Von den im Betriebe befindlichen Linien sind die unter 1 bis 4 und 6 bis 8 aufgeführten Sackbahnen, während die unter 5 genannte schmalspurige Linie Oschatz-Döbeln die beiden Hauptbahnlinien Leipzig-Riesa-Dresden und Leipzig-Döbeln-Dresden mit einander verbindet.

Die im Betrieb befindlichen Schmalspurbahnen Sachsens repräsentiren zur Zeit eine Gesammtlänge von 116,47 km, während das normal ausgebaute Eisenbahnnetz (einschliesslich der normalspurigen Sekundärbahnen) eine Länge von 2 203,86 km umfasst.

Sämmtliche Schmalspurbahnen schliessen sich, ebenso wie die beiden normalspurigen Sekundärbahnen Pirna-Berggiessbübel und Johanngeorgenstadt-Schwarzenberg, soweit als möglich dem Laufe öffentlicher Strassen an, indem sie theils auf diesen

---

*) Diese Linie ist inzwischen am 1. November 1885 dem Betriebe übergeben worden. Die vorliegenden Darstellungen nehmen auf dieselbe keine Rücksicht, weil es zur Zeit sowohl in baulicher als auch in betrieblicher Beziehung noch an den erforderlichen Unterlagen gebricht.

selbst, theils neben denselben auf besonderem Banquet angelegt sind. Sie dienen sämmtlich dem Personen- und Güterverkehr, und zwar zeigt sich fast bei allen — im Gegensatz zu der Mehrzahl der Normalbahnen — eine verhältnissmässig starke Entwickelung des Personenverkehrs. Denn während bei den Normalbahnen beispielsweise im Jahre 1884 die Einnahmen aus dem Personenverkehr 31,1 pCt., die Einnahmen aus dem Güterverkehr aber 68,9 pCt. der Gesammteinnahme ausmachten, betrug bei den Schmalspurbahnen innerhalb des gleichen Zeitraums die Einnahme — für die im Betrieb befindlichen Linien gemeinschaftlich — aus dem Personenverkehr 50,7 pCt., die Einnahme aus dem Güterverkehr aber nur 49,3 pCt. der Gesammteinnahme.

Der lokale Charakter der Sächsischen Schmalspurbahnen tritt hauptsächlich darin hervor, dass dieselben — einschliesslich der Strecke Oschatz-Döbeln, die geographisch allerdings zwei Hauptbahnlinien mit einander verbindet — für den durchgehenden Verkehr nicht in Betracht kommen, sondern ihre Bestimmung lediglich in der Bedienung deren örtlichen Ver-

kehrsbedürfnisse finden und insofern nur als Zufuhrstrassen anzusehen sind.

An Massengütern kommen auf den Schmalspurbahnen vorzugsweise in Betracht: Kohlen, Holz, Getreide, Steine (rohe und gebrannte), Mehl, Rüben, Kalk, Glas, Vieh, Wolle, Thonwaaren und Düngemittel.

Für die Anlage und betriebliche Ausrüstung der Sächsischen Schmalspurbahnen ist in vielen Beziehungen das Vorbild der älteren Deutschen Schmalspurbahnen — nämlich der Brölthalbahn der Feldabahn, sowie der Ocholt-Westersteder Bahn — massgebend gewesen. Doch war hierbei nicht zu übersehen, dass die Verkehrsverhältnisse, welche für diese Linien in Betracht kommen, von denen des dichtbevölkerten und industriereichen Sachsens wesentlich abweichen. Dies war der Grund, warum bei den Sächsischen Schmalspurbahnen — obwohl auch hier das Prinzip der Sparsamkeit als oberster Grundsatz im Auge behalten wurde — in vielen Beziehungen über dasjenige hinausgegangen werden musste, was bei jenen nicht Sächsischen Linien als Norm festgehalten wird.

II. Konstruktions- und Anlageverhältnisse.

a) Tracirung, Neigungs- und Richtungsverhältnisse, Normalprofil, Unter- und Oberbau, Kunstbauten.

1. Die Pirna-Berggiesshübler Linie.

Dies ist die erste Bahn, welche in Sachsen als Sekundärbahn erbaut ward. Auf ihr kommen zumeist nur schwer in das Gewicht fallende Massengüter, insbesondere Sand- und Eisensteine zum Transport, welche vorzugsweise auf weitere Entfernungen abgefahren werden. Früher wurden diese Produkte aus dem Gottleubathale, wenn auch nicht in dem heutigen Umfange, der Station Pirna, wo jetzt die Sekundärbahn an die Hauptbahn anschliesst, zur Verfrachtung auf der Eisenbahn zugeführt. Dabei besass der Sandsteinversandt von Rottwerndorf schon damals einen so grossen Umfang, dass die vorhandenen guten Strassen diesen Verkehr kaum zu tragen vermochten. Dieser Umstand liess die Anlage einer Eisenbahnverbindung geboten erscheinen und zwar wurde dieselbe — mit Rücksicht darauf, dass die vorhandenen Massengüter fast ausschliesslich auf die Hauptbahn übergehen und weil die Umladung namentlich der bearbeiteten Sandsteine mit erheblichen Schwierigkeiten und Kosten verbunden gewesen sein würde — als normalspurige Sekundärbahn ausgebaut. Dabei kam auch in Betracht, dass besondere Terrainschwierigkeiten nicht vorlagen, so dass der normalspurige Ausbau der Bahn keine unverhältnissmässig höheren Kosten bedingte.

Infolge des umfangreichen Transportes von Massengütern besitzt die Bahn mehr den Charakter einer Schleppbahn als denjenigen einer Sekundärbahn im eigentlichen Sinne. Sie dient zwar auch dem Personenverkehre, doch liegt es in der Natur der Sache, dass der Güterverkehr bedeutend überwiegt. Der Transport erfolgt — wie auch auf allen übrigen Sächsischen Sekundärbahnen — lediglich durch gemischte Züge, und zwar verkehren während des Winterhalbjahres deren je drei, während des Sommerhalbjahres aber je vier in jeder Richtung.

Die Steinbrüche im Gottleubathale sind zum Theil durch normalspurige Zweigleise mit der Sekundärbahn verbunden.

Wenn auch die normale Spurweite der Bahn den Uebergang der Transportmittel der Hauptbahn gestattet, so wurden dennoch besondere Lokomotiven und Personenwagen angeschafft, wie solche beim Sekundärbetrieb gebräuchlich und in Abschnitt IV dieser Mittheilungen näher beschrieben sind. Dagegen wurde von der Beschaffung eines eigenen Güterwagen-

parkes abgesehen, da der Gütertransport durch die Wagen der Hauptbahn mit besorgt wird. Bei ausnahmsweise starker Personenfrequenz, welche jedoch nur zu gewissen Zeiten stattfindet, werden aushilfsweise auch Personenwagen der Hauptbahn in die Sekundärbahnzüge mit eingestellt.

Die Bahn ist 14,92 km lang. Es beträgt die Entfernung zwischen den Verkehrsstellen:

Pirna-Station und Pirna-Haltestelle	2,00 km
Pirna-Haltestelle und Rottwerndorf	4,42 „
Rottwerndorf und Neundorf	1,17 „
Neundorf und Cotta	0,91 „
Cotta und Langenhennersdorf	3,15 „
und Langenhennersdorf und Berggiesshübel . . .	3,27 „

Der Anfangspunkt der Linie bei Pirna liegt 118,16 m und ihr Endpunkt bei Berggiesshübel 290,27 m über dem Spiegel der Ostsee. Die Bahn steigt in der Richtung nach Berggiesshübel im ganzen 172,11 m; Fall hat sie in dieser Richtung überhaupt nicht. Von besonderem betrieblichen Vortheil ist, dass die vorhandenen Massengüter vorwiegend in der Richtung nach Pirna — also von Berg zu Thal — transportirt werden. Von der Gesammtlänge liegen:

$$12,04 \text{ km} = 80,70 \text{ pCt. in Steigung und}$$
$$2,88 \text{ „} = 19,30 \text{ „ horizontal).}$$

Die Steigung vertheilt sich:

mit 0,34 km	auf das Verhältniss von	1 : 1000	bis inkl.	1 : 400,
„ 1,50 „	„ „ „ „	1 : 400	„	1 : 200,
„ 4,42 „	„ „ „ „	1 : 200	„	1 : 100,
„ 0,48 „	„ „ „ „	1 : 100	„	1 : 80,
„ 0,71 „	„ „ „ „	1 : 80	„	1 : 60 und
„ 4,59 „	„ „ „ „	1 : 60	„	1 : 40.

Das Steigungsmaximum beträgt 1 : 40 in grösster zusammenhängender Länge von 2 688 m.

Nach der Horizontalprojektion liegen 9,38 km = 62,87 pCt. der Bahnlänge in gerader Linie und 5,54 km = 37,13 pCt. in Kurven und zwar:

0,28 km	in Krümmungen mit Halbmessern von	1 500	bis inkl.	1 000 m
0,14 „	„ „ „ „	1 000	„ „	500 „
0,07 „	„ „ „ „	500	„ „	400 „
0,25 „	„ „ „ „	400	„ „	300 „
4,80 „	„ „ „ „	weniger als		300 „

Der kleinste Krümmungshalbmesser auf freier Strecke beträgt 180 m und die Summe der Kreisbogengrade aller Krümmungen 1 575,50.

Der Unterbau hat nach dem Normalprofil eine Planumsbreite von 4,50 m und ist lediglich durch besonderen Körper gebildet. 2,75 km liegen neben öffentlichen Strassen, 12,00 km im Auftrag, 2,67 km im Abtrag und 0,25 km in Terraingleiche. Im Niveau führen 87 Wegeübergänge über die Bahn, welche sämmtlich unbewacht sind.

Die Bettung besteht aus Sandstein und Kies. Nach dem Normalprofil hat sie eine obere Breite von 250 cm und eine mittlere Stärke von 35 cm, ihre gewöhnliche Stärke beträgt unter dem tiefsten Punkte der Schwellen 35 cm.

Oberbau. In den Gleisen liegen: 33 238 m Bessemerstahlkopfschienen und 424 m Eisenschienen von 6 m Länge und 118 mm Höhe mit einem durchschnittlichen Gewicht von 31,3 kg pro laufendes Meter; ferner 18 207 Stück mit Chlorzink imprägnirte Gleisquerschwellen aus Nadelholz von 230 cm Länge, 20 cm Breite und 15 cm Höhe, 329 m imprägnirte und 2 487 m nicht imprägnirte Weichenschwellen aus Nadelholz.

An Kunstbauten sind ausgeführt: 10 Brücken mit 15 Oeffnungen; davon sind 2 Brücken gewölbt und 8 mit Eisen überbaut; die grösste Lichtweite einer Oeffnung ist 13,4 m, 46 Durchlässe bis 2 m Lichtweite der einzelnen Oeffnungen; davon sind 32 mit Platten gedeckt, 3 gewölbt; 5 bestehen aus eisernen und 6 aus steinernen Röhren.

2. Die Johanngeorgenstadt - Schwarzenberger Linie.

Die Fortsetzung der Zwickau-Schwarzenberger Linie von Schwarzenberg in der Richtung nach Johanngeorgenstadt war nach den vorhandenen Terrainverhältnissen nur im Thale des Schwarzwassers denkbar. Durch sie wird eine sehr verkehrsreiche Gegend mit hochentwickelter Industrie, bedeutenden Wasserkräften und reichen Naturprodukten, wie Eisen, Holz, Kohlen, Erze u. s. w., welche schwer in das Gewicht fallen, erschlossen. Für die Wahl des Endpunktes der Linie waren ebenfalls die natürlichen Terrainverhältnisse massgebend. Dieselben deuteten darauf hin, den Endpunkt dahin zu verlegen, wo das Schwarzwasserthal bei Wittigsthal auf das Oesterreichische Gebiet übertritt. Da von Oesterreichischer Seite bereits einer Gesellschaft die Konzession zur Erbauung einer normalspurigen Anschlussbahn in der Richtung auf Carlsbad ertheilt worden ist, für welche auch bereits generelle Vorarbeiten ausgeführt sind, so konnte nur die Erbauung einer normalspurigen Sekundärbahn in Frage kommen, welche für die Kurven einen weit geringeren Halbmesser gestattet, als dies bei Primärbahnen der Fall ist. Hierdurch ist es möglich geworden, die Bahnlinie, welche bei ihrer Ausführung als Primärbahn auf dem rechten Ufer des Schwarzwasserbaches in einer ansehnlichen Höhe über der Thalsohle an den Hängen des das Thal begrenzenden bergigen Terrains hätte hinführen müssen, tiefer in die Thalsohle selbst zu legen, wodurch auch die Füglichkeit erlangt wurde, näher an die im Thale gelegenen, zum Theil sehr bedeutenden Fabriketablissements heranzukommen. Diese Etablissements sind vorwiegend Eisengiessereien, Schneidemühlen und Holzstofffabriken und sind zum Theil bereits durch Zweiggleisanlagen mit der Sekundärbahn verbunden worden.

Die Bahn verfolgt, soweit es die Terrainverhältnisse gestatten, die Trace der Chaussee, an welche sie sich zum Theil eng anschliesst.

Alle Ortschaften des Thales sind mit Verkehrsstellen versehen.

Hinsichtlich des Transportmittelparkes besteht bei dieser Bahn dasselbe Verhältniss, wie es betreffs der Pirna-Berggiesshübler Linie vorstehend beschrieben ist.

Die Linie ist 17,33 km lang. Es beträgt die Entfernung zwischen den Verkehrsstellen:

Johanngeorgenstadt und Erlabrunn . . . . . 4,13 km
Erlabrunn und Breitenhof . . . . 2,91 „
Breitenhof und Antonsthal . . . . 3,52 „
Antonsthal und Erla . . . . 3,63 „
Erla und Schwarzenberg-Haltestelle . . . . 1,57 „
Schwarzenberg-Haltestelle und Schwarzenberg-Station . . . . 1,57 „

Der Anfangspunkt der Linie bei Johanngeorgenstadt liegt 676,17 m und der Endpunkt bei Schwarzenberg 426,53 m über dem Spiegel der Ostsee. Die Bahn steigt in der Richtung nach Schwarzenberg im ganzen 0,79 m und fällt 250,43 m.

Von der Gesammtlänge liegen:

0,39 km = 2,25 pCt. in Steigung,
16,07 „ = 92,73 „ „ Fall und
0,87 „ = 5,02 „ „ horizontal.

Das Verhältniss der einzigen Steigung ist 1 : 500. Der Fall vertheilt sich

mit 0,10 km auf das Verhältniss von 1 : 1000 bis inkl. 1 : 400
„ 1,93 „ „ „ „ „ 1 : 400 „ „ 1 : 200
„ 3,50 „ „ „ „ „ 1 : 200 „ „ 1 : 100
„ 0,42 „ „ „ „ „ 1 : 100 „ „ 1 : 80
„ 2,65 „ „ „ „ „ 1 : 80 „ „ 1 : 60
„ 7,47 „ „ „ „ „ 1 : 60 „ „ 1 : 40

Der stärkste Fall 1 : 40 kommt vor auf einer zusammenhängenden Länge von 1 100 m.

Nach der Horizontalprojektion liegen:

8,96 km = 51,70 pCt. in gerader Linie
8,37 „ = 48,30 „ „ Kurven

und zwar:

0,06 km in Krümmungen mit Halbmessern von 1 500 bis inkl. 1 000 m
0,26 „ „ „ „ „ „ 1 000 „ „ 500 „
0,23 „ „ „ „ „ „ 500 „ „ 400 „
0,24 „ „ „ „ „ „ 400 „ „ 300 „
7,58 „ „ „ „ „ „ weniger als 300 „

Der kleinste Krümmungshalbmesser auf freier Strecke ist 168 m. Die Summe der Kreisbogengrade aller Krümmungen ist 2 478,26.

Der Unterbau hat nach dem Normalprofil eine Planumsbreite von 4,50 m. Derselbe ist lediglich durch besonderen Bahnkörper gebildet. 9,50 km liegen unmittelbar neben öffentlichen Strassen. Von der Bahn liegen 13,18 km im Auftrag, 4,04 km im Abtrag und 0,11 km in Terraingleiche. Im Niveau führen 60 Wege über die Bahn, von denen nur einer bewacht ist.

Die Bettung besteht aus Granit und Grünstein. Nach dem Normalprofil beträgt die obere Breite derselben 270 cm und ihre mittlere Stärke 20 cm. Die gewöhnliche Stärke der Bettung beträgt unter dem tiefsten Punkte der Schwellen 20 cm.

Oberbau. Die Gleise bestehen aus 43 045 m Bessemerstahlschienen von 7,4 und 7,5 m Länge und 110 mm Höhe, welche von dem Eisenhüttenwerk „Königin Marienhütte" in Cainsdorf bei Zwickau geliefert sind. Das Durchschnittsgewicht dieser Schienen beträgt 24,3 kg pro laufendes Meter. Ferner wurden verwendet 25 036 Stück mit Chlorzink imprägnirte Gleisquerschwellen aus Nadelholz von 225 cm Länge, 20 cm Breite und 15 cm Höhe, sowie 3 474 m imprägnirte Weichenschwellen aus Laubholz.

An Kunstbauten sind ausgeführt 22 Brücken, theils gewölbt, theils mit Eisenüberbau mit 34 Oeffnungen, deren grösste Lichtweite einer Oeffnung 30,6 m beträgt, ferner 2 Wegunterführungen mit Eisenüberbau.

Durchlässe durch die Bahn bis 2 m Weite der einzelnen Oeffnungen im Lichten sind 150 vorhanden; davon sind 79 mit Platten gedeckt, 10 gewölbt, 2 mit eisernem Ueberbau, 16 bestehen aus Röhren von Eisen und 43 aus Röhren von Stein und anderem Material.

Von besonderem technischen Interesse ist an dieser Linie die Gestaltung der Kunstbauten in der Nähe der Stadt Schwarzenberg und an denjenigen Stellen des Thales, an denen die

Pirna-Berggiesshübel.

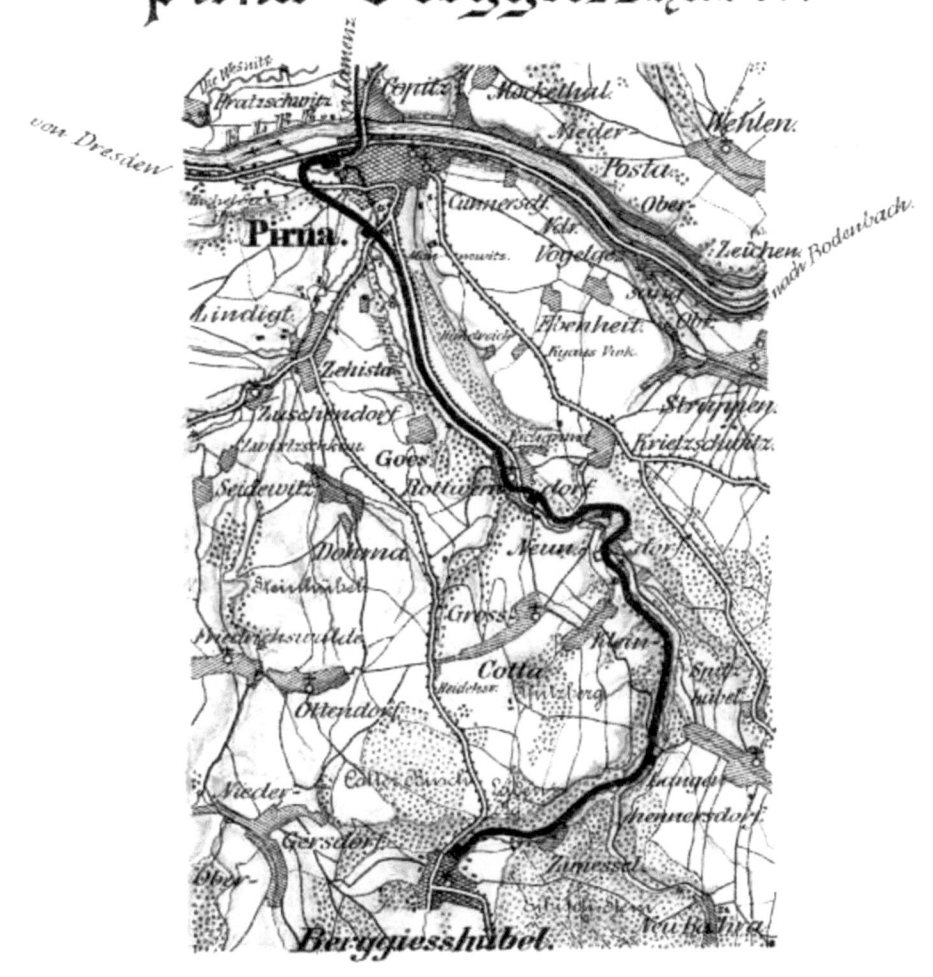

Massstab f. d. Situation.

1:100 000.

Massstab f. d. Längenprofil.

1:135 000.

1:5000.

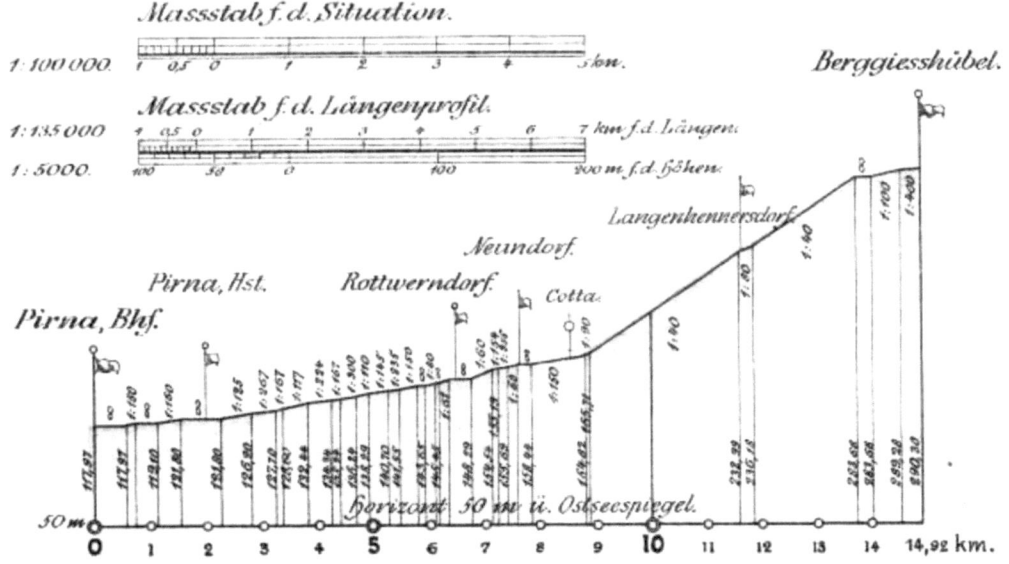

Horizont 50 m ü. Ostseespiegel.

Johanngeorgenstadt - Schwarzenberg.

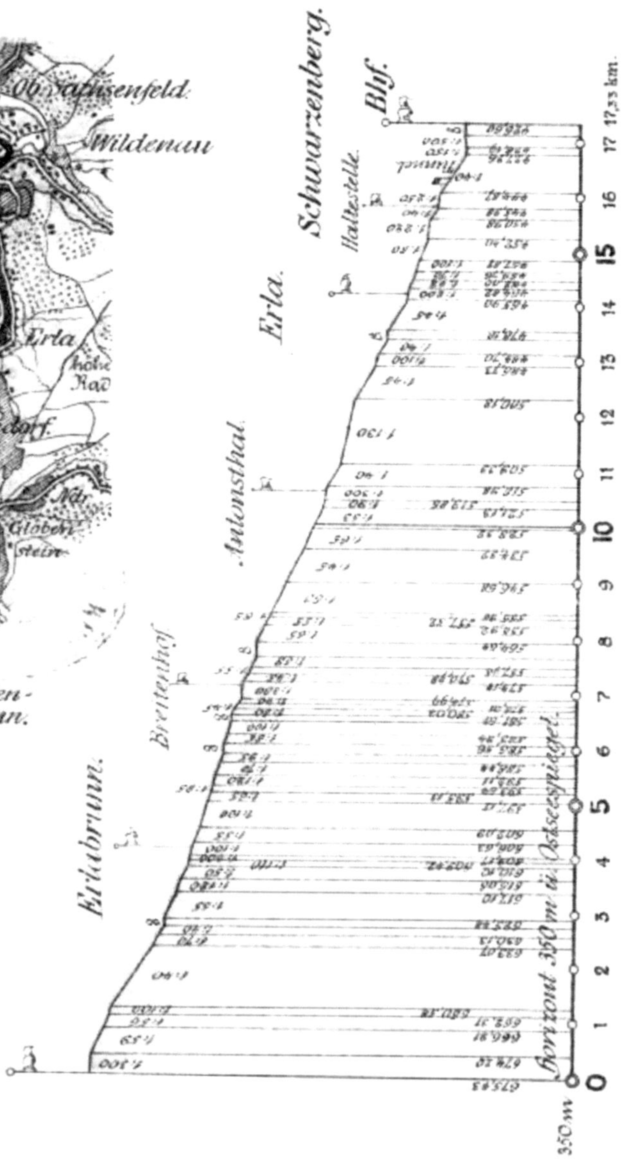

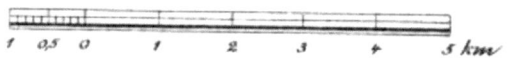

Massstab f. d. Situation.
1:100000.

1 0,5 0   1   2   3   4   5 km

Massstab f. d. Längenprofil.
1:135000 f. d. Längen.

1 0,5 0   1   2   3   4   5   6   7 km

100   50   0   100   200 m

1:5000 f. d. Höhen.

Wilkau-Saupersdorf.

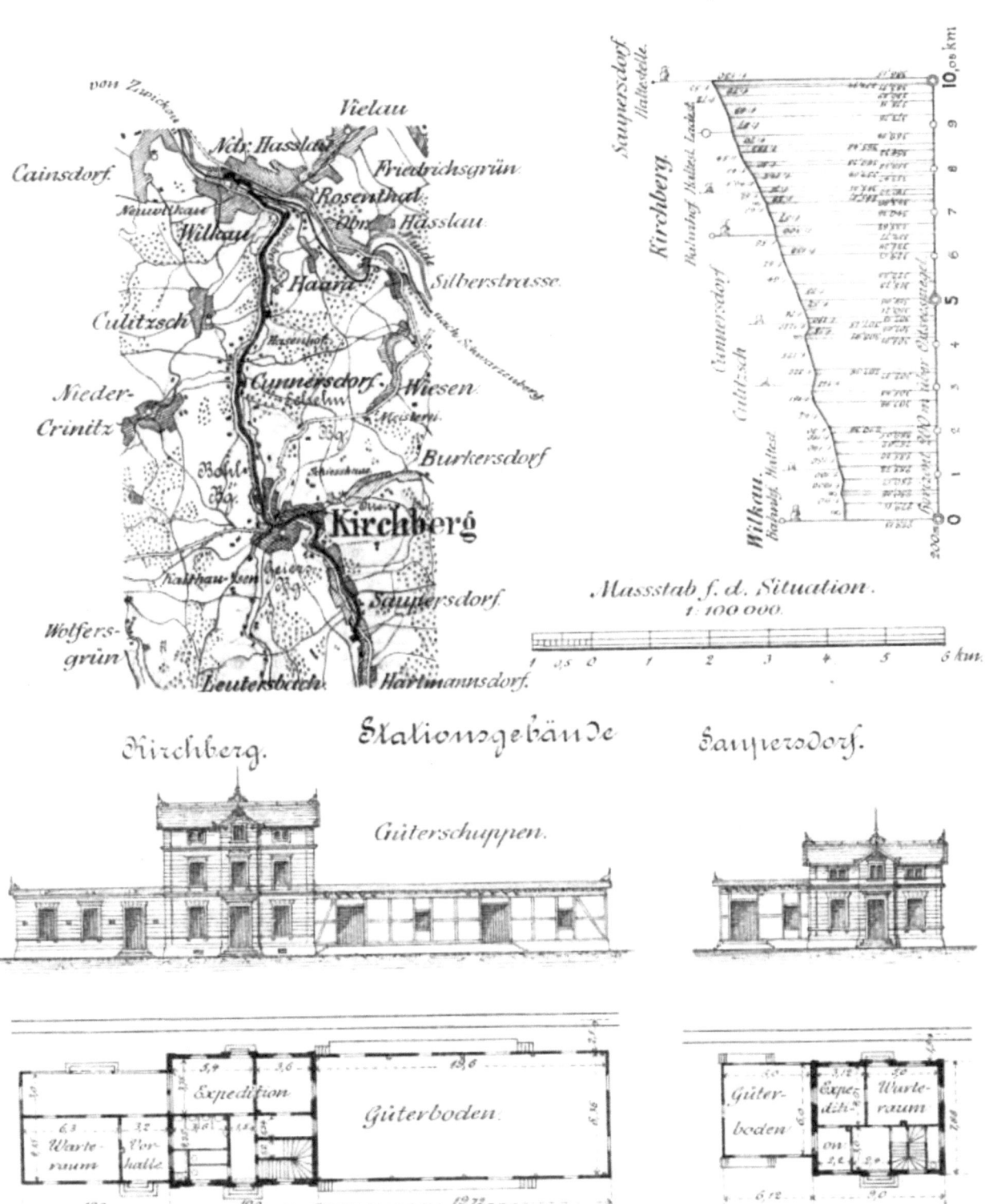

Massstab f. d. Längenprofil.

1:135000 f. d. Längen.

1:5000 f. d. Höhen.

Massstab f. d. Situation.

1:100 000.

Stationsgebäude.

Kirchberg. Saupersdorf.

Güterschuppen.

M: 1:400.

Gez. u. autogr. R. Henke.

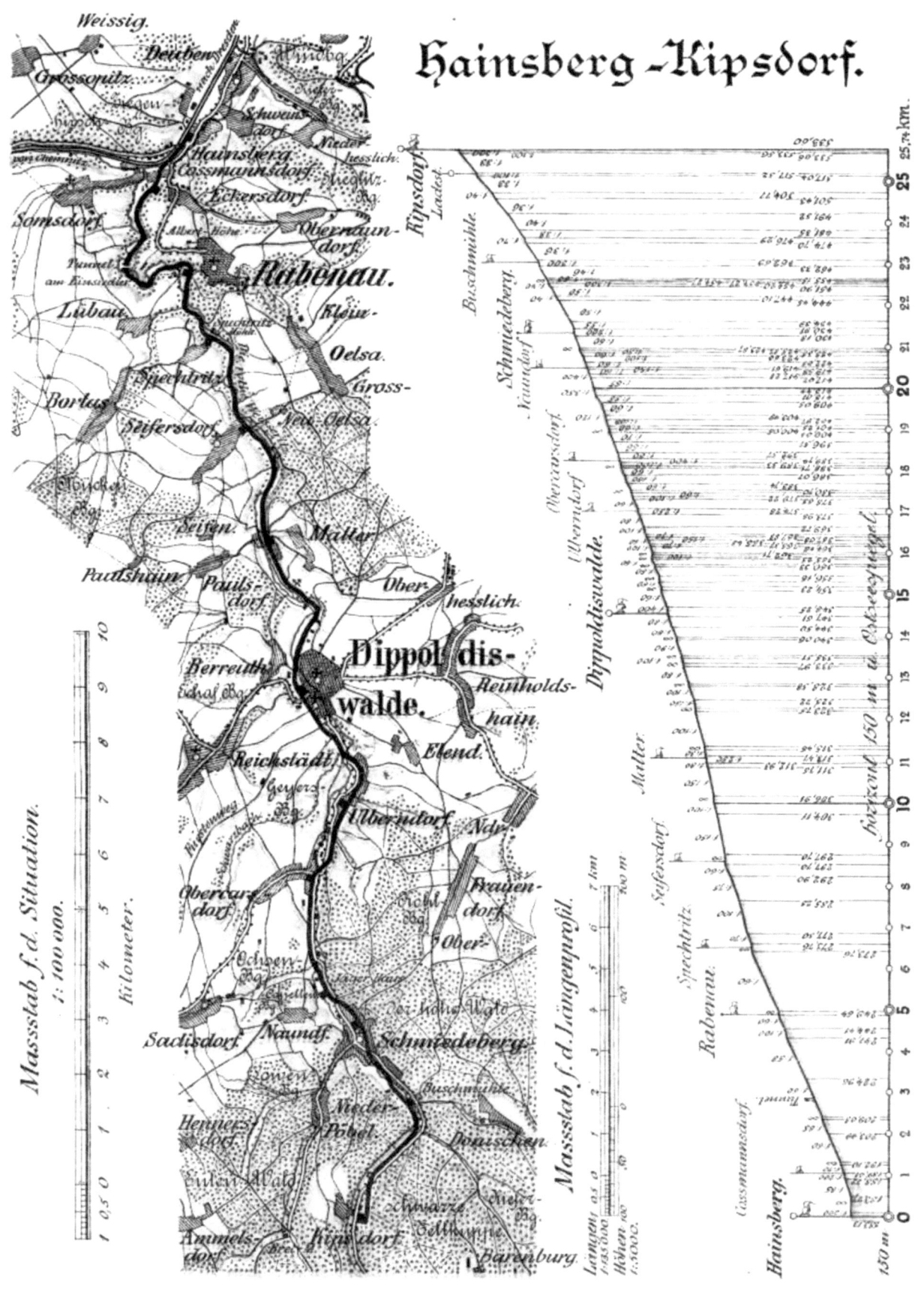

Hainsberg-Kipsdorf.

Massstab f. d. Situation.
1 : 100 000.

kilometer.

Massstab f. d. Längenprofil.

Gez. u. autogr. R. Henke.

Enge und die scharf gekrümmte Lage der Thalsohle eine Zusammendrängung von Weg, Fluss und Gebäudeanlagen herbeigeführt hat; diese Verhältnisse zogen einer günstigen Situirung der Bahnaxe ziemlich enge Grenzen und wurden infolge dessen Veranlassung dazu, die Gestaltung der Kunstbauten der örtlichen Lage genau anzupassen.

Es sind in dieser Beziehung zu nennen eine grössere Anzahl in sehr starken Krümmungen gelegene Kunstbauten in der Nähe von Schwarzenberg, namentlich der Viadukt am dortigen Bahnhofe und die Brücken zu beiden Seiten des Tunnels, vermittels dessen die Bahn unter einem bebauten Bergrücken innerhalb der Stadt Schwarzenberg hindurchgeführt wird, sowie mehrfach vorkommende äusserst schräge Ueberschneidungen von Wasserläufen. So machte beispielsweise die Ueberbrückung eines Mühlgrabens von 2 m Breite ein Bauwerk von 32 m Länge erforderlich.

3. Die Wilkau-Saupersdorfer Linie.

Die von der Station Wilkau an der Zwickau-Schwarzenberger Linie über Kirchberg nach Saupersdorf erbaute Sekundärbahn war die erste schmalspurige Bahn Sachsens. Die Frage, ob sie normal- oder schmalspurig auszuführen sei, fand durch die nachstehend dargelegten Erwägungen ihre Entscheidung.

Die Stadt Kirchberg ist von der nächsten Eisenbahnstation nur wenig über 6 km entfernt und mit dieser durch eine vorzüglich angelegte Strasse verbunden. Nicht viel weiter liegen die Zwickauer Kohlenwerke, aus denen Kirchberg seinen Bedarf bezieht und auch dahin führen verhältnissmässig sehr gute Wegeverbindungen. Unter diesen Umständen war nicht zu erwarten, dass eine bis an den Anfang des über einen Kilometer langen Ortes herangeführte Normalbahn die Konkurrenz gegen die Strasse aufnehmen könne. Man entschloss sich deshalb zur Wahl der schmälen Spurweite, um die Füglichkeit zu erlangen, bis in das Herz der Stadt Kirchberg selbst vordringen und damit den einzelnen Fabriken des industriereichen Ortes die Möglichkeit von Zweiggleisanlagen bieten zu können. Auch würde bei Annahme der normalen Spurweite die Weiterführung der Eisenbahn über Kirchberg hinaus nach Saupersdorf — wie solche jetzt ausgeführt ist — wegen der vorhandenen Terrainverhältnisse nicht ausführbar gewesen sein.

Die Länge der Linie beträgt 10,05 km. Von Mitte zu Mitte der Stationsgebäude gemessen, beträgt die Bahnlänge zwischen:

Station Wilkau und Haltestelle Wilkau . . .	1,12 km
Haltestelle Wilkau und Culitzsch	1,95 „
Culitzsch und Cunnersdorf	1,41 „
Cunnersdorf und Station Kirchberg	2,02 „
Station Kirchberg und Haltestelle Kirchberg .	1,00 „
Haltestelle Kirchberg und Ladestelle Saupersdorf	1,37 „
Ladestelle Saupersdorf und Haltestelle Saupersdorf	1,18 „

Der Anfangspunkt der Linie bei Wilkau liegt 279,15 m und der Endpunkt bei Saupersdorf 385,42 m über dem Spiegel der Ostsee. Vom Anfangs- nach dem Endpunkte steigt die Linie im ganzen 110,89 m und fällt 4,62 m.

Von der Gesammtlänge befinden sich:

$$8,60 \text{ km} = 85,57 \text{ pCt. in Steigung,}$$
$$0,83 \text{ „} = 8,26 \text{ „ „ Fall und}$$
$$0,62 \text{ „} = 6,17 \text{ „ „ der Horizontale.}$$

Die Steigung vertheilt sich:

mit 0,12 km auf das Verhältniss von 1 : mehr als 1000 bis 1 : 1000 inkl.
„ 0,07 „ „ „ „ „ 1 : 1000 bis inkl. 1 : 400
„ 0,38 „ „ „ „ „ 1 : 400 „ „ 1 : 200
„ 2,72 „ „ „ „ „ 1 : 200 „ „ 1 : 100
„ 0,49 „ „ „ „ „ 1 : 100 „ „ 1 : 80
„ 2,63 „ „ „ „ „ 1 : 80 „ „ 1 : 60
„ 2,19 „ „ „ „ „ 1 : 60 „ „ 1 : 40.

Der Fall vertheilt sich:

mit 0,29 km auf das Verhältniss von 1 : mehr als 1000 bis 1 : 1000 inkl.
„ 0,40 „ „ „ „ „ 1 : 200 bis inkl. 1 : 100
„ 0,14 „ „ „ „ „ 1 : 80 „ „ 1 : 60.

Das Steigungsmaximum beträgt 1 : 41 und kommt in einer zusammenhängenden Länge von 219 m vor; der grösste Fall 1 : 75 kommt vor auf einer zusammenhängenden Strecke von 139 m.

Nach der Horizontalprojektion liegen 6,03 km = 60 pCt. der Bahnlänge in gerader Linie und 4,02 km = 40 pCt. in Kurven und zwar:

0,42 km in Krümmungen mit Halbmessern von 1000 bis inkl. 500 m
0,19 „ „ „ „ „ „ 500 „ 400 „
0,22 „ „ „ „ „ „ 400 „ 300 „
3,19 „ „ „ „ „ „ weniger als 300 „

Der kleinste Krümmungshalbmesser auf freier Strecke beträgt 60 m und die Summe der Kreisbogengrade aller Krümmungen 1809,16.

Der Unterbau, welcher nach dem Normalprofil eine Planumsbreite von 2,95 m hat, ist auf einer Länge von 5,43 km durch besonderen Bahnkörper und auf einer Länge von 4,62 km durch öffentliche Strassen gebildet. Von der Bahnlänge liegen 4,95 km im Auftrag, 0,97 km im Abtrag und 4,13 km in Terraingleiche. Im Niveau führen 80 offene Wege über die Bahn.

Die Bettung besteht aus Granitklarschlag und Granitgrus. Nach dem Normalprofil beträgt die obere Breite der Bettung 235 cm, die mittlere Stärke derselben 15 cm; die gewöhnliche Stärke der Bettung unter dem tiefsten Punkte der Schwellen beträgt 20 cm.

Das Oberbaumaterial besteht aus 22398 m Flussstahlschienen von 7,35 bis 7,50 m Länge und 87 mm Höhe. Das Durchschnittsgewicht pro laufendes Meter Schiene beträgt 15,5 kg. In den Gleisen liegen: 12429 Stück mit Chlorzink imprägnirte Querschwellen aus Nadelholz von 150 cm Länge, 17 cm Breite und 13 cm Höhe; 1323 m imprägnirte Weichenschwellen aus Nadelholz und 116 m nicht imprägnirte Weichenschwellen aus Eichenholz.

An Kunstbauten sind ausgeführt: 1 Viadukt von 27 m Länge mit Eisenüberbau und 9 Oeffnungen, 9 Brücken mit eisernem Ueberbau und 2 gewölbte Brücken mit zusammen 16 Oeffnungen, deren grösste lichte Weite einer Oeffnung 24,3 m beträgt, ferner 4 Wegunterführungen mit Eisenüberbau und einer Oeffnung von 6,5 m Lichtweite, 77 Wasserdurchlässe, davon sind 39 mit Platten gedeckt, 11 bestehen aus eisernen und 27 aus steinernen u. s. w. Röhren.

Die Spurweite ist wie bei allen schmalspurigen Bahnen Sachsens 0,750 m.

In technischer Beziehung ist von Interesse die Art und Weise, in welcher die Bahn durch die enggebaute Stadt Kirchberg hindurchgeführt werden musste. Dabei machte sich eine grosse Zahl origineller, der Nothwendigkeit angepasster Anlagen erforderlich. Nähere Nachweise in dieser Beziehung enthält ein Aufsatz der Herren Köpcke, Bergmann und von Lilienstern im ersten Hefte des „Jahrbuches des Sächsischen Ingenieur- und Architektenvereines" vom Jahre 1882.

4. Die Hainsberg-Kipsdorfer Linie.

In verschiedenen Landestheilen, namentlich auch in der Amtshauptmannschaft Dippoldiswalde, ward die Anlage von Eisenbahnen durch die gebirgige Beschaffenheit des Terrains erschwert. Aus diesem Grunde waren im Verlaufe der Zeit die verschiedenartigsten Projekte entstanden, welche die Beseitigung dieser Schwierigkeiten anstrebten. Als der von der Natur zur Verbindung dieses Landestheiles mit dem bestehenden Bahnnetz gleichsam vorgezeichnete Weg stellte sich das Thal der sogenannten rothen Weiseritz dar, welches sich über Dippoldiswalde und Schmiedeberg bis in das Gebirge zu den grossen Forstrevieren dieser Gegend hinaufzieht. Für die Wahl dieser

Linie kam ausserdem in Betracht, dass im Weiseritzthal zahlreiche, zum Theil erhebliche Wasserkräfte noch unbenutzt vorhanden waren, welche eine weitere Entwickelung des Verkehrs in Aussicht stellten. Da aber dieses Thal in seinem unteren Theile durch seine Enge dem Bau einer normalspurigen Hauptbahn aussergewöhnliche Schwierigkeiten entgegengesetzt haben würde, so musste nothwendiger Weise auf die schmale Spurweite zugekommen werden.

Die Bahn beginnt in Hainsberg an der Dresden-Chemnitzer Linie; ihre Länge beträgt 25,74 km.

Von Mitte zu Mitte der Stationsgebäude gemessen, beträgt die Bahnlänge zwischen:

Hainsberg und Cossmannsdorf	1,05 km
Cossmannsdorf und Rabenau	3,86 „
Rabenau und Spechtritz	1,59 „
Spechtritz und Seifersdorf	2,09 „
Seifersdorf und Malter	2,47 „
Malter und Dippoldiswalde	3,49 „
Dippoldiswalde und Ulberndorf	2,46 „
Ulberndorf und Obercarsdorf	1,26 „
Obercarsdorf und Naundorf	2,22 „
Naundorf und Schmiedeberg	0,84 „
Schmiedeberg und Buschmühle	1,70 „
Buschmühle und Kipsdorf	2,71 „

Der Anfangspunkt der Linie bei Hainsberg liegt 183,13 m und ihr Endpunkt bei Kipsdorf 533,48 m über dem Spiegel der Ostsee. Vom Anfangspunkt Hainsberg bis nach dem Endpunkte Kipsdorf steigt die Linie im ganzen 350,89 m und fällt 0,54 m.

Von der Gesammtlänge befinden sich:

23,73 km = 92,19 pCt. in Steigung,
0,05 „ = 0,19 „ „ Fall und
1,96 „ = 7,62 „ „ der Horizontale.

Die Steigung vertheilt sich:

mit 0,46 km auf das Verhältniss von 1 : 1 000 bis 1 : 400 inkl.
„ 0,86 „ „ „ „ „ 1 : 400 „ 1 : 200 „
„ 5,76 „ „ „ „ „ 1 : 200 „ 1 : 100 „
„ 2,27 „ „ „ „ „ 1 : 100 „ 1 : 80 „
„ 9,33 „ „ „ „ „ 1 : 80 „ 1 : 60 „
„ 3,16 „ „ „ „ „ 1 : 60 „ 1 : 40 „
„ 1,89 „ „ „ „ über 1 : 40 „

Der einzige Fall kommt vor auf 0,05 km Länge im Verhältniss von 1 : 200 bis 1 : 100.

Das Steigungsmaximum beträgt: 1 : 33 und kommt in einer zusammenhängenden Länge von 513 m vor; der grösste Fall im Verhältniss von 1 : 100 besteht auf einer zusammenhängenden Strecke von 54 m.

Nach der Horizontalprojektion liegen 17,59 km = 68,34 pCt. der Bahnlänge in gerader Linie und 8,15 km = 31,66 pCt. in Kurven und zwar:

0,11 km in Krümmungen mit Halbmessern von 1 000 bis inkl. 500 m
0,77 „ „ „ „ „ 500 „ „ 400 „
0,52 „ „ „ „ „ 400 „ „ 300 „
6,75 „ „ „ „ „ weniger als 300 „

Der kleinste Krümmungshalbmesser beträgt auf freier Strecke 50 m und die Summe der Kreisbogengrade aller Krümmungen 4 076,45.

Der Unterbau, welcher nach dem Normalprofil eine Planumsbreite von 2,95 m hat, ist lediglich durch besonderen Bahnkörper gebildet; 0,95 km liegen unmittelbar, jedoch auf besonderem Planum neben der normalspurigen Linie Dresden-Chemnitz und 3,95 km neben öffentlichen Strassen. 5,26 km befinden sich im Auftrag, 1,04 km im Abtrag und 19,44 km in Terraingleiche. Von 202 Wegeübergängen im Bahnniveau werden nur zwei verschlossen, die übrigen sind unbewacht.

Die Bettung besteht aus Packlager und Kies. Nach dem Normalprofil beträgt die obere Breite der Bettung 235 cm, die mittlere Stärke derselben 38 cm, die gewöhnliche Stärke der Bettung unter dem tiefsten Punkte der Schwellen 40 cm.

Das Oberbaumaterial besteht aus 58 770 m Flussstahlschienen von 7,35 bis 7,50 m Länge und 87 mm Höhe, das Durchschnittsgewicht dieser Schienen beträgt 15,5 kg pro laufendes Meter.

In den Gleisen liegen 33 384 Stück imprägnirte Querschwellen aus Nadelholz von 150 cm Länge, 17 cm Breite und 13 cm Höhe und 3 099 m imprägnirte Weichenschwellen aus Nadelholz.

An Kunstbauten sind ausgeführt: 1 Tunnel von 17 m Länge und 4 m Höhe mit einer 0,35 m starken Ausmauerung von Sandstein.

Das in dem enggewundenen Thale fliessende Wasser wird auf 38 Brücken verschiedener Konstruktion überschritten; theils sind sie gewölbt, theils haben sie Eisenüberbau, davon hat die eine Hälfte 24 Bögen von 10,5 bis 18,6 m Lichtweite, die andere Hälfte hat 22 Bögen von 10,0 bis 2,5 m Lichtweite herab; ferner gehen 132 Durchlässe durch die Bahn, deren einzelne Oeffnungen bis 2 m im Lichten weit sind; davon sind 54 mit Platten gedeckt, 16 sind gewölbt, 4 sind offen und 58 bestehen aus Röhren von Stein oder anderem Material.

Die bereits gekennzeichnete Gestaltung des Thales der rothen Weiseritz ist Veranlassung dazu geworden, die Kunstbautenausführungen dem jeweiligen Bedürfnisse enger anzupassen, als dies unter normalen Richtungsverhältnissen der Fall gewesen sein würde. Infolge dessen ist eine Fülle interessanter Konstruktionen entstanden, die das Studium dieses Theiles der baulichen Anlagen für den Fachmann zu einem besonders ausgiebigen machen.

Bei den Eisenüberträgerungen sind Blechträger, Blechbogenträger, abgestumpfte Parabelträger, kontinuirliche Fachwerkträger, insgesammt theils mit oben, theils mit unten liegender Fahrbahn zur Ausführung gekommen; die steinernen Brücken weisen ausser den gewöhnlichen Wölbkonstruktionen solche mit Kämpfergelenk auf, auch sind die Wölbbrücken mit Plattenabdeckung über die gesammte Planumsfläche in ihrer vollen Breitendimension versehen. Endlich finden sich Brücken mit Betonwölbbögen und Bruchsteingewölbe in Cement, von grösseren Spannweiten vor.

Im übrigen verdient an dieser Linie Beachtung die Anpassung des Aeusseren der Kunstbauten an die landschaftliche Scenerie des Thales und seiner Felspartien, vermittelt durch Anwendung des Bruchsteinmauerwerkes mit unregelmässig hervorstehenden Bossen, nach Art des sogenannten Cyklopen-Mauerwerkes.

5. Die Döbeln-Mügeln-Oschatzer Linie.

Die Herstellung einer Eisenbahn, welche die von den Eisenbahnlinien Döbeln-Riesa-Wurzen-Grossbothen-Döbeln umschlossene Landestheile von Döbeln aus ungefähr in diagonaler Richtung durchschneiden sollte, ist von der dortigen Bevölkerung vielfach angestrebt worden. Ursprünglich war hauptsächlich auf eine direkte Verbindung zwischen Döbeln und Torgau abgesehen, weshalb von vielen Seiten der Anschluss der Linie an die Leipzig-Dresdener Bahn bei Dahlen befürwortet ward. Hierbei hätte indess das Bedürfniss des lokalen Verkehrs insofern zurücktreten müssen, als eine Bahn mit normaler Spurweite nach den angestellten technischen Untersuchungen den vorhandenen Thalsenkungen mit ihren zahlreichen Ortschaften nicht hätte folgen können, sondern unter Ausführung umfänglicher und kostspieliger Kunstbauten vorzugsweise auf dem Höhenzuge hin und in ziemlicher Entfernung von den bedeutenderen Ortschaften zu liegen gekommen wäre. Dieser Umstand, sowie die Absicht, der reichen landwirthschaftlichen Pflege des Mügelner Kreises die Vortheile einer reinen Lokalverbindung zu verschaffen, bestimmte die Staatsregierung dazu, sich für Anlegung einer schmalspurigen Sekundärbahn zu entscheiden. Zweck dieser Bahn ist hauptsächlich, den Absatz der landwirthschaftlichen Produkte in der Richtung nach Dö-

Döbeln-Mügeln-Oschatz.

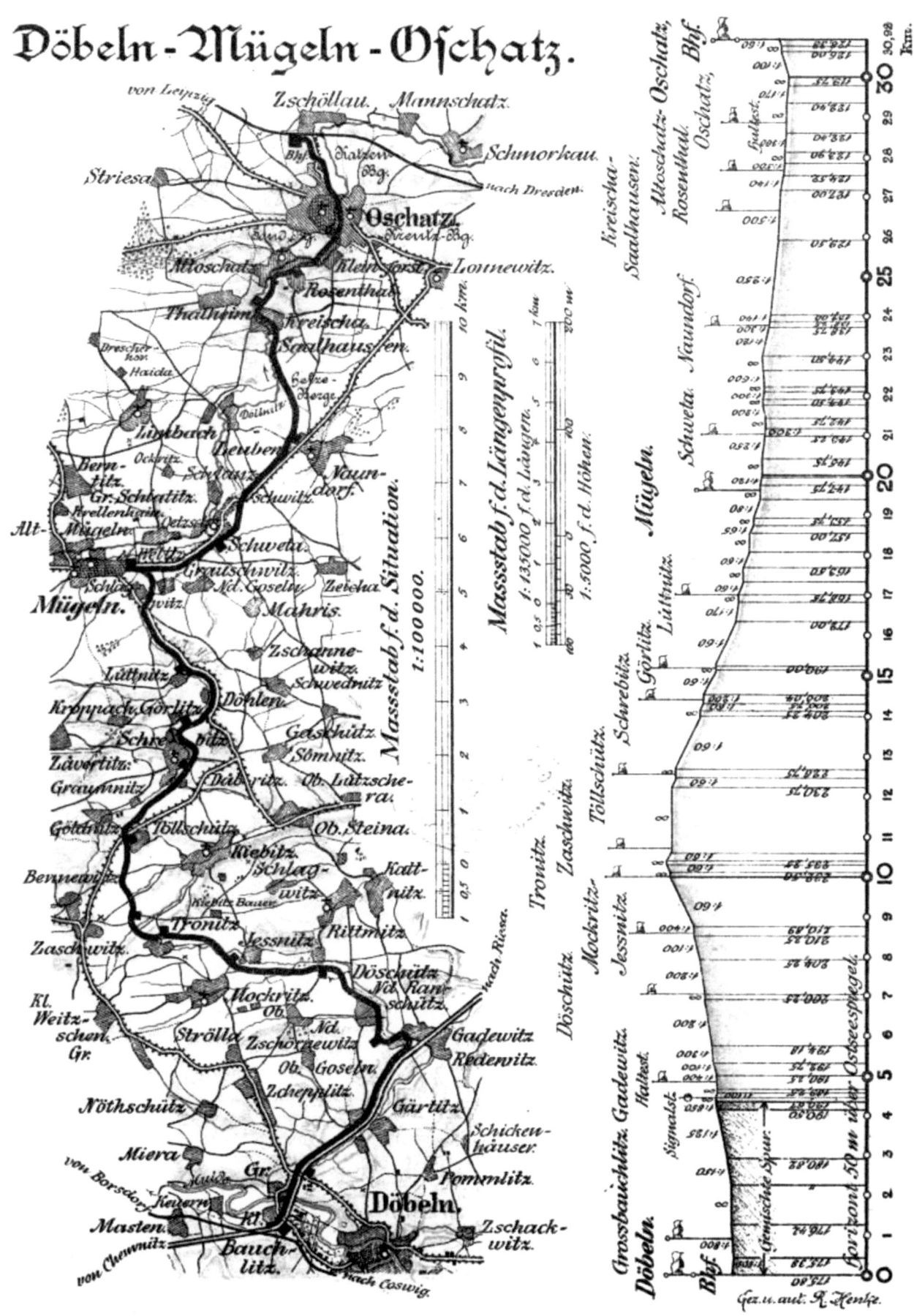

beln und Chemnitz sowie dem hierfür hauptsächlich in Betracht kommenden oberen Erzgebirge zu erleichtern, auch sollte den dort in grösserer Menge vorhandenen, zum Theil sehr produktionsfähigen Kalkwerken eine verbesserte Absatzfüglichkeit verschafft werden.

Die Oschatz-Döbelner Bahn ist die einzige Schmalspurbahn Sachsens, welche zwei Hauptbahnlinien — die Leipzig-Riesa-Dresdener und die Leipzig-Döbeln-Dresdener Bahn — mit einander verbindet.

Sie benutzt von Döbeln aus über Grossbauchlitz bis zur Signalstation bei Gadewitz auf eine Länge von 4,31 km das Gleis der Riesa-Chemnitzer Hauptbahn; um dies zu ermöglichen, ist auf dieser Strecke mit der Einlegung einer dritten Schiene zwischen den Gleisen der Hauptbahn vorgegangen worden.

Die Länge der Bahn beträgt 30,92 km und die Entfernungen zwischen ihren Verkehrsstellen, als:

Döbeln und Grossbauchlitz	0,87 km
Grossbauchlitz und Gadewitz	3,97 „
Gadewitz und Döschütz	2,07 „
Döschütz und Mockritz-Jessnitz	1,56 „
Mockritz-Jessnitz und Tronitz	1,53 „
Tronitz und Zaschwitz	0,73 „
Zaschwitz und Töllschütz	1,77 „
Töllschütz und Schrebitz	1,87 „
Schrebitz und Görlitz	0,75 „
Görlitz und Lüttnitz	1,91 „
Lüttnitz und Mügeln	2,52 „
Mügeln und Schweta	1,49 „
Schweta und Naundorf	2,66 „
Naundorf und Kreischa-Saalhausen	2,87 „
Kreischa-Saalhausen und Altoschatz-Rosenthal	1,05 „
Altoschatz-Rosenthal und Haltestelle Oschatz	1,22 „
Haltestelle Oschatz und Station Oschatz	2,08 „

Die Station Oschatz liegt 128,38 m, ihr anderer Endpunkt Döbeln 175,78 m und der höchste Punkt der Bahn bei Tronitz 235,28 m über dem Spiegel der Ostsee. In dieser Richtung steigt die Linie im ganzen 119,91 m und fällt 72,51 m.

Von der Gesammtlänge kommen:

13,30 km = 43,01 pCt. auf Steigung,
9,90 „ = 32,02 „ „ Fall und
7,72 „ = 24,97 „ „ Horizontale.

Es vertheilt sich:

die Steigung
mit 1,93 km auf das Verhältniss von 1:1000 bis 1:400 einschl.
„ 3,62 „ „ „ „ „ 1:400 „ 1:200 „
„ 2,60 „ „ „ „ „ 1:200 „ 1:100 „
„ 0,48 „ „ „ „ „ 1:100 „ 1:80 „
„ 4,67 „ „ „ „ „ 1:80 „ 1:60 „

der Fall
mit 2,16 km auf das Verhältniss von 1:1000 bis 1:400 einschl.
„ 2,79 „ „ „ „ „ 1:400 „ 1:200 „
„ 3,35 „ „ „ „ „ 1:200 „ 1:100 „
„ 1,60 „ „ „ „ „ 1:80 „ 1:60 „

Die stärkste Steigung von 1:60 kommt auf einer zusammenhängenden Länge von 1 351 m vor; der grösste Fall mit 1:60 besteht auf einer zusammenhängenden Strecke von 1 297 m.

Nach der Horizontalprojektion liegen 20,35 km = 65,82 pCt. der Bahnlänge in gerader Linie und 10,57 km = 34,18 pCt. in Kurven und zwar:

0,61 km in Krümmungen mit Halbmessern v. 1500 b. einschl. 1000 m
3,51 „ „ „ „ „ 1000 „ 500 „
0,66 „ „ „ „ „ 400 „ 300 „
5,79 „ „ „ „ „ weniger als 300 „

Der kleinste Krümmungshalbmesser auf freier Strecke beträgt 80 m und in Bahnhöfen 60 m. Die Kreisbogengrade aller Krümmungen ergeben die Summe von 3 027,45.

Der Unterbau hat nach dem Normalprofil eine Planumsbreite von 2,95 m. Ausser der oben erwähnten gleichzeitigen Mitbenutzung der normalspurigen Bahn liegen 5,26 km der Linie auf bezw. unmittelbar neben öffentlichen Strassen, 16,82 km

befinden sich im Auftrag, 11,47 km im Abtrag und 2,63 km in Terraingleiche. Im Niveau führen 164 offene Wege über die Bahn.

Das Bettungsmaterial besteht durchgängig aus Kies. Nach dem Normalprofil beträgt die obere Breite der Bettung 235 cm, die mittlere Stärke derselben 38 cm. Die gewöhnliche Stärke der Bettung unter dem tiefsten Punkte der Schwellen beträgt 25 cm.

Oberbau. Soweit der Bahnkörper der normalspurigen Linie Riesa-Chemnitz zugleich den der schmalspurigen Linie bildet, hat die letztere zwischen den Schienensträngen des einen Gleises der Hauptbahn theils ihr eigenes Gleis, theils auch nur einen eigenen Schienenstrang, in welchem Falle der eine Schienenstrang der Hauptbahn gleichzeitig der Schmalspurbahn mit dient.

In den Gleisen beider Linien liegen einschliesslich des gemeinsamen Materials:

71 265 m Flussstahlschienen von den bereits beschriebenen Dimensionen u. s. w.,
5 477 „ Schienen von verschiedenen Sorten,
37 977 Stück imprägnirte Querschwellen aus Nadelholz von 150 cm Länge, 17 cm Breite und 13 cm Höhe,
3 826 m imprägnirte Weichenschwellen aus Nadelholz,
272 „ nicht imprägnirte Weichenschwellen aus Laubholz.

An Kunstbauten sind vorhanden: 1 Viadukt mit Eisenüberbau von 21 m Länge und 67 m Höhe mit 2 Oeffnungen von je 11,7 m Lichtweite, dessen Mittelpfeiler auf Pfahlrost gegründet ist, 13 Brücken mit 17 Oeffnungen, deren grösste Lichtweite einer Oeffnung 14,1 m beträgt, 3 Wegeunterführungen und 1 Wegeüberführung mit Eisenüberbau von 4,7 bis 5 m Höhe, 129 Wasserdurchlässe; davon sind 59 mit Platten gedeckt und 7 gewölbt, 20 sind unbedeckt, 32 bestehen aus eisernen und 11 aus steinernen Röhren.

Von hervorragend technischer Bedeutung ist bei dieser Linie die Anlage des Anschlussbahnhofes Grossbauchlitz bei Döbeln, welcher in seiner bisherigen normalspurigen Gestaltung von der Schmalspurbahn durchschnitten wird und deshalb zumeist dreischienig angelegt werden musste.

Das Weichennetz der Station Grossbauchlitz bietet deshalb eine Fülle von Konstruktionen gemischtspuriger Gleis-, Weichen- und Kreuzungsanlagen, welche — abgesehen von der Grössenausdehnung — an Vielseitigkeit den auf den gemischtspurigen Englischen Bahnen ausgeführten derartigen Anlagen nicht nachstehen und gegen letztere noch manches Neue bieten.

Das 8. Heft des „Civil-Ingenieurs" vom Jahre 1885 behandelt in einer von den Herren Köpcke und Pressler verfassten fachwissenschaftlichen Darstellung das Interessanteste dieser Anlagen.

6. Die Radebeul-Radeburger Linie.

Die Stadt Radeburg bildete den Mittelpunkt eines fünf Quadratmeilen grossen, der Schienenwege noch entbehrenden Landestheiles, in welchem sich zahlreiche Dörfer mit lebhaft betriebener Landwirthschaft, sowie umfangreiche Waldungen befinden.

Der Mangel einer Eisenbahn machte sich für diesen Kreis mit der Zeit um so fühlbarer, als die von Dresden — wohin die hauptsächlichsten Verkehrsbeziehungen der Gegend gewiesen sind — über Reichenberg und Moritzburg nach Radeburg führende Chaussee zum Theil ungünstige Steigungsverhältnisse besitzt und der Lössnitzgrund wegen der ungenügenden Beschaffenheit seiner Wege für den Frachtenverkehr mit dem Elbthale nahezu unbenutzbar ist. Die Produkte und Bedürfnisse der dortigen Land-, Forst- und Teichwirthschaft, der Radeburger Fabriken und einer schwunghaft betriebenen Ziegelei- und Mühlenindustrie liessen auf einen Gütertransport hoffen, der das Anlagekapital einer schmalspurigen Sekundärbahn mit der Zeit verzinsen dürfte. Ausserdem war vorauszusetzen, dass auch die Personenfrequenz — namentlich infolge des zu erwartenden Dresdener Vergnügungsverkehrs nach dem an Naturschönheiten und historischen Reminiscenzen reichen Moritzburg — befriedigende Erträgnisse liefern werde. Der schmale Lössnitzgrund

und die engen Krümmungen des Thales liessen nur die Anlage einer schmalspurigen Bahn zu. Die Linie selbst ist 16,55 km lang. Es beträgt die Entfernung zwischen den Verkehrsstellen:

Radebeul und Haltestelle „Weisses Ross" . . 1,62 km
Haltestelle „Weisses Ross" und Lössnitzgrund 1,83 „
Lössnitzgrund und Dippelsdorf . . . . . . 2,65 „
Dippelsdorf und Moritzburg-Eisenberg . . . 2,48 „
Moritzburg-Eisenberg und Bärnsdorf . . . . 2,99 „
Bärnsdorf und Berbisdorf . . . . 2,29 „
Berbisdorf und Radeburg . . . . 2,69 „

Der Anfangspunkt der Linie bei Radebeul liegt 112,50 m, ihr Endpunkt bei Radeburg 147,60 m über dem Spiegel der Ostsee.

Die Linie steigt in dieser Richtung im ganzen 74,40 und fällt 39,30 m.

Nach der Vertikalprojektion liegen in der beschriebenen Richtung von der Bahnlänge:

5,24 km = 31,66 pCt. in Steigung,
3,94 „ = 23,81 „ „ Fall und
7,37 „ = 44,53 „ horizontal.

Es vertheilt sich:

die Steigung

mit 0,29 km auf das Verhältniss von 1 : 1000 bis einschl. 1 : 400
„ 0,07 „ „ „ „ „ 1 : 400 „ „ 1 : 200
„ 0,63 „ „ „ „ „ 1 : 200 „ „ 1 : 100
„ 0,40 „ „ „ „ „ 1 : 100 „ „ 1 : 80
„ 3,85 „ „ „ „ „ 1 : 80 „ „ 1 : 60

der Fall

mit 0,80 km auf das Verhältniss von 1 : 1000 bis einschl. 1 : 400
„ 0,48 „ „ „ „ „ 1 : 400 „ „ 1 : 200
„ 1,25 „ „ „ „ „ 1 : 200 „ „ 1 : 100
„ 1,41 „ „ „ „ „ 1 : 80 „ „ 1 : 60

Die stärkste Steigung 1 : 60 kommt zusammenhängend in einer grössten Länge von 1403 m vor; der stärkste Fall 1 : 60 tritt in einer zusammenhängenden Länge von 516 m auf.

Die Linie bietet eine bemerkenswerthe Entwickelung im Lössnitzgrunde zwischen den Stationen „Weisses Ross" und Dippelsdorf, woselbst zur Ersteigung des Höhenplateaus der Lössnitzberge das Maximal-Steigungsverhältniss zur Anwendung gelangen musste.

Nach der Horizontalprojektion liegen 12,73 km = 76,92 pCt. der Bahnlänge in gerader Richtung und 3,82 km = 23,08 pCt. in Kurven und zwar:

0,10 km in Krümmungen mit Halbmesser v. 3000 b. einschl. 2000 m
0,02 „ „ „ „ „ „ 1000 „ 500 „
0,04 „ „ „ „ „ „ 400 „ 300 „
3,66 „ „ „ „ „ weniger als 300 „

Der kleinste Krümmungshalbmesser auf freier Strecke beträgt 75 m und die Summe der Kreisbogengrade aller Krümmungen 2002,14.

Dem Charakter der Schmalspurbahn entsprechend ist durch Anwendung vieler und enger Kurven jede grössere Erd- und Mauerarbeit vermieden und hierdurch ausser einer verhältnissmässig wohlfeilen auch eine rasche Bauausführung erreicht worden.

Der Unterbau hat nach dem Normalprofil eine Planumsbreite von 2,95 m und ist auf einer Länge von 16,41 km durch besonderen Bahnkörper und auf einer Länge von 0,14 km durch öffentliche Strassen gebildet. Von der Bahn liegen 8,63 km im Auftrag, 5,45 km im Abtrag und 2,47 km in Terraingleiche. Die vorhandenen 15 Niveauübergänge sind sämmtlich unbewacht.

Das Bettungsmaterial besteht aus Bruchsteinen und Kies. Nach dem Normalprofil beträgt die obere Breite der Bettung 235 cm und die mittlere Stärke derselben 27 cm; die gewöhnliche Stärke derselben ist unter dem tiefsten Punkte der Schwellen 20 cm.

Oberbau. In den Gleisen liegen 39256 m Flussstahlschienen, 7,35 bis 7,50 m lang und 87 mm hoch mit einem Durchschnittsgewichte von 15,5 kg pro laufendes Meter;

22651 Stück imprägnirte Gleis-Querschwellen aus Nadelholz von 150 cm Länge, 17 cm Breite und 13 cm Höhe; 1845 m imprägnirte Weichenschwellen aus Nadelholz.

An Kunstbauten sind ausgeführt: 17 Brücken mit je einer Oeffnung, zum Theil gewölbt, zum Theil mit Eisenüberbau, deren grösste Lichtweite einer Oeffnung 12,7 m beträgt; ferner 1 Wegeüberführung mit Eisenüberbau und 75 Durchlässe, davon 33 mit Platten gedeckt, 9 gewölbt und 33 bestehen aus Röhren von Eisen.

Zur Verhinderung des Ausbrechens von Wild aus dem umfangreichen Thiergarten des Königlichen Jagdschlosses Moritzburg, welchen die Bahn durchschneidet, sind am Ein- und Austritte besondere Absperrvorrichtungen, bestehend in Brücken ohne Schwellenbelag, zur Ausführung gebracht worden.

7. Die Klotzsche-Königsbrücker Linie.

Für die — ungeachtet wenig günstiger Verhältnisse — in reger Entwickelung begriffene Landwirthschaft der Umgebung von Königsbrück und für die Bewirthschaftung der umliegenden ausgedehnten Staats- und Privatforstreviere, ingleichen für die in genannter Stadt betriebenen Töpfereien, sowie für die Glaswerke und Dampf-Schneidemühlen in Moritzdorf und bezw. Schwepnitz hatte sich der Mangel einer unmittelbaren Eisenbahnverbindung schon seit Jahren fühlbar gemacht.

Diesem Bedürfnisse sollte durch die am 17. Oktober 1884 eröffnete, von Station Klotzsche der Sächsisch-Schlesischen Staatseisenbahn abzweigende Linie nach Königsbrück abgeholfen werden, und zwar wurde diese Strecke im Interesse der Kostenersparniss und mit Rücksicht auf den zur Zeit noch wenig entwickelten allgemeinen Verkehr jener Gegend als schmalspurige Sekundärbahn ausgebaut.

An Transportartikeln kommen neben den Erzeugnissen der schon erwähnten Produktionszweige namentlich Granitsteine aus den Brüchen bei Königsbrück, Laussnitz und Gräfenhain, sowie — was die Zufuhr nach den Verkehrsstellen der Sekundärbahn betrifft — Kohle, Kalk und Düngstoffe in Betracht.

Diese Transporte und ein zwar mässiger, aber ziemlich konstanter Personenverkehr lassen mit der Zeit eine angemessene Verzinsung des aufgewendeten Baukapitals erwarten.

Die Bahn ist 19,49 km lang. Es beträgt die Entfernung zwischen den Verkehrsstellen:

Klotzsche und Weixdorf . . . . 2,77 km
Weixdorf und Lausa . . . . 1,58 „
Lausa und Hermsdorf . . . . 2,13 „
Hermsdorf und Cunnersdorf . . . . . . 1,49 „
Cunnersdorf und Ottendorf . . . . . . 1,48 „
Ottendorf und Moritzdorf . . . . 0,74 „
Moritzdorf und Laussnitz . . . . 7,20 „
Laussnitz und Königsbrück . . . . . . 2,10 „

Der Anfangspunkt der Linie bei Klotzsche liegt 191,31 m und ihr Endpunkt bei Königsbrück 185,00 m über dem Spiegel der Ostsee. Im ganzen steigt die Linie in der Richtung vom Anfangs- nach dem Endpunkte 47,34 m und fällt 53,65 m.

Nach der Vertikalprojektion liegen in der beschriebenen Richtung

4,97 km = 25,50 pCt. in Steigung,
5,90 „ = 30,27 „ „ Fall und
8,62 „ = 44,23 „ horizontal.

Es vertheilt sich:

die Steigung

mit 0,69 km auf das Verhältniss von 1 : 1000 bis 1 : 400 inkl.
„ 1,00 „ „ „ „ „ 1 : 400 „ 1 : 200
„ 1,67 „ „ „ „ „ 1 : 200 „ 1 : 100
„ 0,12 „ „ „ „ „ 1 : 100 „ 1 : 80
„ 1,49 „ „ „ „ „ 1 : 80 „ 1 : 60

Radebeul-Radeburg.

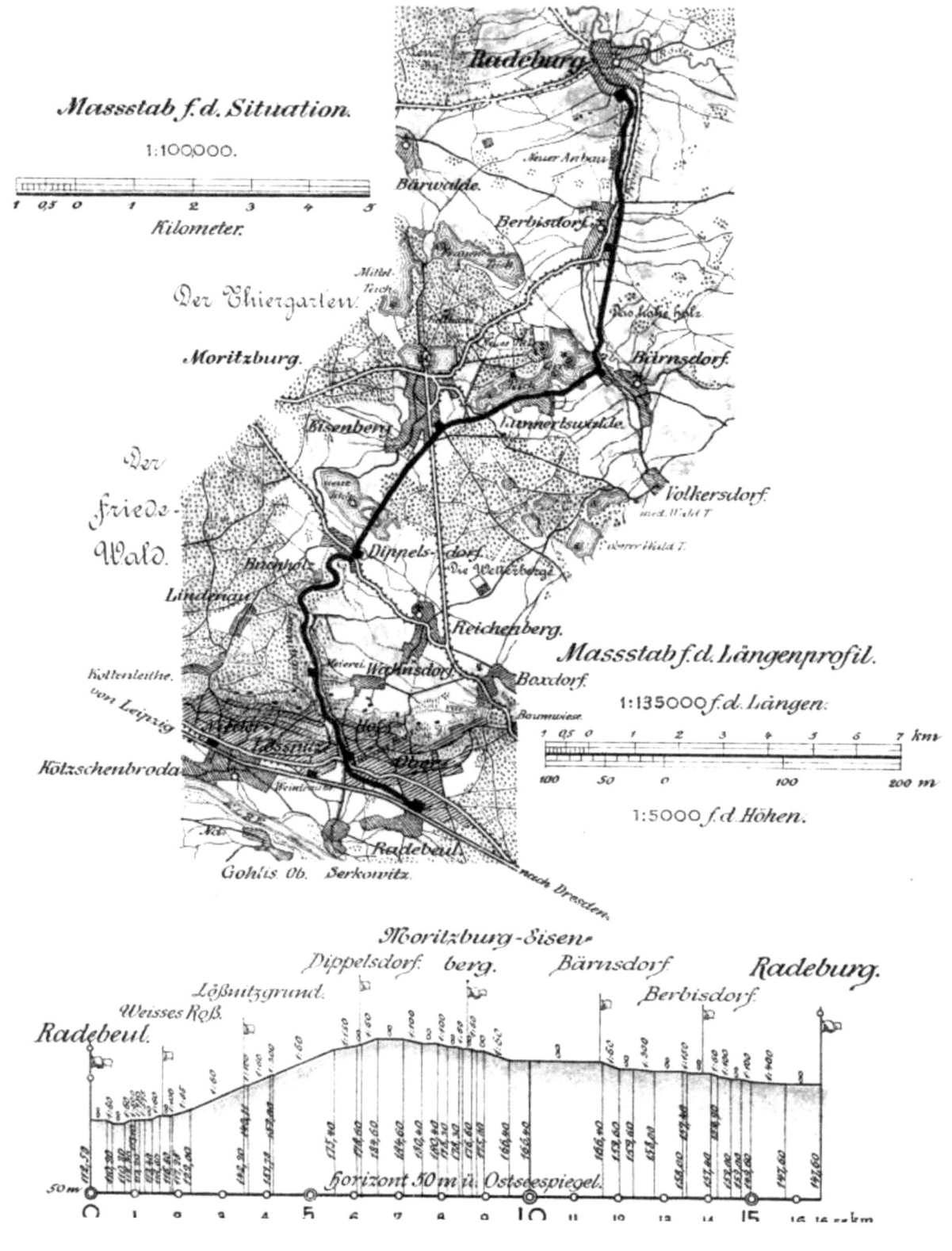

Massstab f. d. Situation.

1:100,000.

1 0,5 0 1 2 3 4 5

Kilometer.

Massstab f. d. Längenprofil.

1:135000 f. d. Längen.

1 0,5 0 1 2 3 4 5 6 7 km

100 50 0 100 200 m

1:5000 f. d. Höhen.

Horizont 50 m ü. Ostseespiegel.

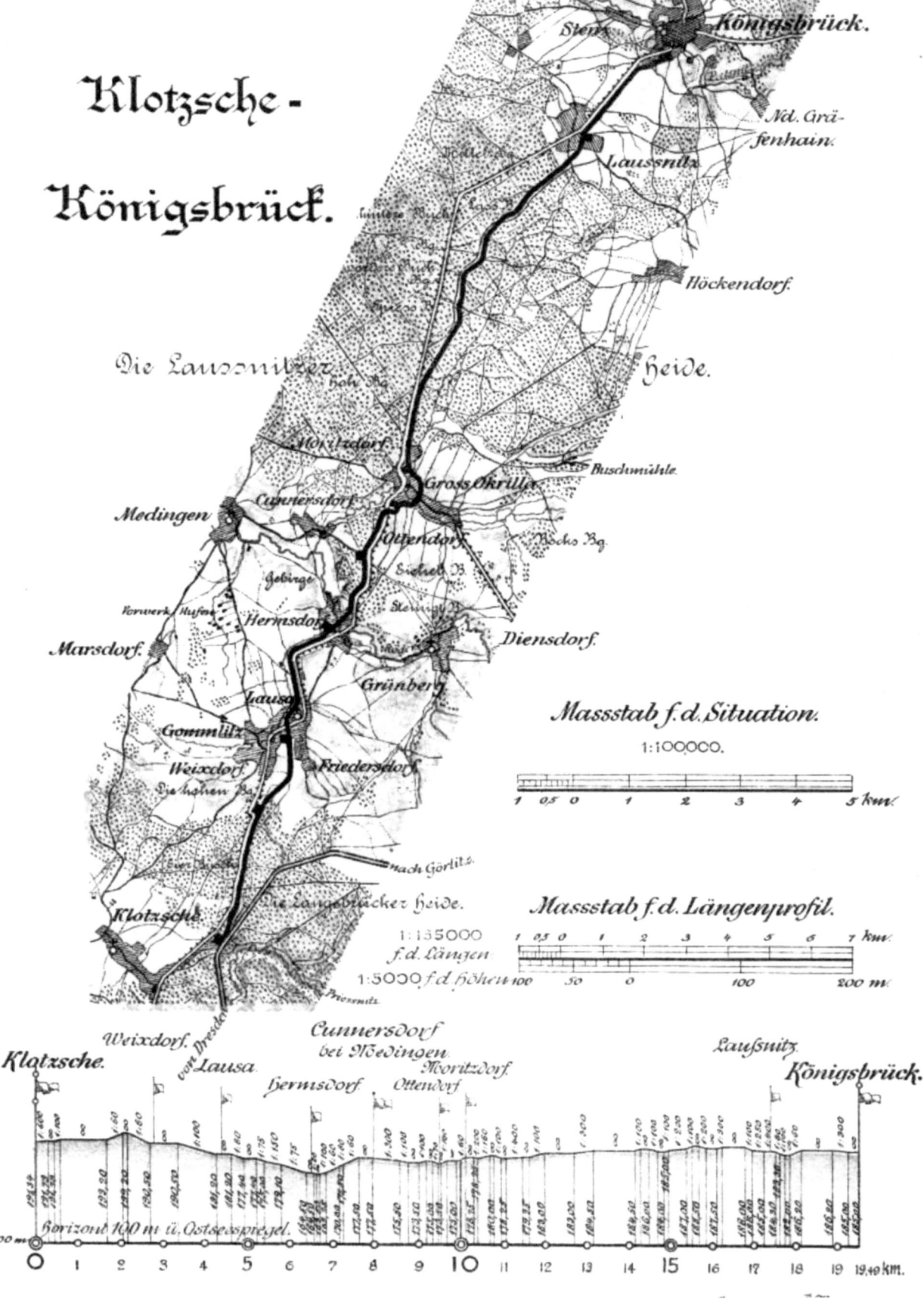

Klotzsche -
Königsbrück.

Die Lausnitzer Heide.

Massstab f. d. Situation.

1:100000.

1 0.5 0   1   2   3   4   5 km.

Massstab f. d. Längenprofil.

1:135000
f. d. Längen

1:5000 f. d. Höhen

1 0.5 0   1   2   3   4   5   6   7 km.

100   50   0   100   200 m.

Horizont 100 m ü. Ostseespiegel.

100 m

0   1   2   3   4   5   6   7   8   9   10   11   12   13   14   15   16   17   18   19   19,40 km.

der Fall

mit 0,28 km auf das Verhältniss von 1 : 1000 bis 1 : 400 inkl.
" 1,51 " " " " " 1 : 400 " 1 : 200 "
" 2,27 " " " " " 1 : 200 " 1 : 100 "
" 0,46 " " " " " 1 : 100 " 1 : 80 "
" 1,38 " " " " " 1 : 80 " 1 : 60 "

Das Steigungsmaximum beträgt 1 : 60 und kommt auf einer zusammenhängenden grössten Länge von 360 m vor; dasselbe Verhältniss besteht auch im Fall auf einer Länge von 522 m.

Nach der Horizontalprojektion liegen 14,98 km = 76,86 pCt. der Bahnlänge auf geraden Strecken und 4,51 km = 23,14 pCt. in Kurven und zwar:

0,21 km in Krümmungen mit Halbmessern von 1000 bis inkl. 500 m
0,24 " " " " " 500 " 400 "
0,53 " " " " " 500 " 300 " u.
3,53 " " " " " weniger als 300 "

Der kleinste Krümmungshalbmesser auf freier Strecke beträgt 100 m und die Summe der Kreisbogengrade aller Krümmungen 1 382,56.

Der Unterbau hat nach dem Normalprofil eine Planumsbreite von 2,95 m und ist auf eine Länge von 19,13 km durch besonderen Bahnkörper, dagegen auf 0,36 km durch öffentliche Strassen gebildet. Von der Bahn liegen 9,05 km im Auftrag, 2,69 km im Abtrag und 7,75 km in Terraingleiche.

Die Bahn hat 22 unbewachte Wegeübergänge im Niveau.

Das Bettungsmaterial besteht aus Granit, Grauwacke und Kies. Nach dem Normalprofil beträgt die obere Breite der Bettung 235 cm und die mittlere Stärke derselben 16 cm; ihre gewöhnliche Stärke unter dem tiefsten Punkte der Schwellen 20 cm.

Oberbau. In den Gleisen liegen 45 325 m Flussstahlschienen, 7,35 bis 7,50 m lang und 87 mm hoch, mit einem Durchschnittsgewicht von 15,5 kg pro laufendes Meter; 25 970 Stück imprägnirte Querschwellen aus Nadelholz, 150 cm lang, 17 cm breit und 13 cm hoch; 2 392 m imprägnirte Weichenschwellen aus Nadelholz.

An Kunstbauten sind ausgeführt: 6 Brücken mit 7 Oeffnungen, deren eine Oeffnung eine grösste Lichtweite von 13,5 m hat; eine Brücke ist gewölbt und 5 haben Eisenüberbau. Durch die Bahn führen 70 Durchlässe; davon sind 32 mit Platten gedeckt, 3 sind gewölbt und 3 haben keine Bedeckung; 32 bestehen aus Röhren von Eisen.

Mit Ausnahme umfangreicherer Herstellungen für den Anschluss an die Hauptbahn in Klotzsche zeichnet sich diese Linie, entsprechend der Terraingestaltung der durchschnittenen Gegend, durch eine bemerkenswerthe Einfachheit ihrer Anlagen aus. Mit Ausnahme einiger Flussübergänge und Dorfdurchschneidungen liegt das Schienengleis zumeist in Terrainhöhe und verfolgt auf grössere Längen Chausseen, Kommunikations- und Waldwege, deren Steigungen und Gefällen es sich in der Hauptsache anschliesst.

Auch der Endbahnhof Königsbrück, entlang eines steilen Hanges so nahe als möglich an die Stadt hinangedrückt, ist den untergeordneten Verkehrsverhältnissen dieses Ortes entsprechend in grösster Einfachheit zur Ausführung gebracht worden.

8. Die Zittau-Reichenauer Linie.

Die Bahn von Zittau nach Reichenau mit Flügelbahn nach Markersdorf ist das Ergebniss wiederholter, vom Stadtrath und der Handelskammer in Zittau lebhaft unterstützter Petitionen des sehr industriellen Ortes Reichenau. In diesem Orte befinden sich mehr als zwanzig zum Theil bedeutende Fabriketablissements — Orleanswebereien und Färbereien — welche zu der nahen Industrie- und Handelsstadt Zittau lebhafte Verkehrsbeziehungen unterhalten. Ausserdem kommt noch in der Umgebung Reichenaus eine ziemlich stark entwickelte Mühlen-, Ziegelei- und Braunkohlenindustrie in Betracht.

Die Wahl der schmalen Spur erfolgte hauptsächlich deshalb, um den Fabriken in Reichenau möglichst nahe zu kommen und den Anschluss von Privat-Gleisanlagen nach den einzelnen Etablissements zu erleichtern.

Die Bahn ist 13,72 km lang. Es beträgt die Entfernung zwischen den Verkehrsstellen:

Station Zittau und Haltestelle Zittau . . . . 1,30 km
Haltestelle Zittau und Kleinschönau . . . . 1,78 "
Kleinschönau und Zittel . . . . 2,48 "
Zittel und Reibersdorf . . . . 2,23 "
Reibersdorf und Wald . . . . 1,96 "
Wald und Reichenau . . . . 2,55 "
Reichenau und Markersdorf . . . . 1,42 "

Die Bahn beginnt in Zittau 262,48 m und endet bei Markersdorf 259,71 m über dem Spiegel der Ostsee; sie steigt im ganzen 65,79 m und fällt 68,56 m.

Nach der Vertikalprojektion liegen in der beschriebenen Richtung von der Bahnlänge

4,68 km = 34,11 pCt. in Steigung
5,43 " = 39,58 " Fall und
3,61 " = 26,31 " horizontal.

Es vertheilt sich:

die Steigung

mit 0,29 km auf das Verhältniss von 1 : 1 000 bis inkl. 1 : 400
" 0,13 " " " " " 1 : 400 " 1 : 200
" 1,29 " " " " " 1 : 200 " 1 : 100
" 0,79 " " " " " 1 : 100 " 1 : 80
" 0,23 " " " " " 1 : 80 " 1 : 60
" 1,95 " " " " " 1 : 60 " 1 : 40

der Fall

mit 0,48 km auf das Verhältniss v. 1 : mehr als 1 000 bis 1 : 1 000 inkl.
" 0,87 " " " " " 1 : 1 000 bis inkl. 1 : 400
" 0,25 " " " " " 1 : 400 " 1 : 200
" 0,48 " " " " " 1 : 200 " 1 : 100
" 1,23 " " " " " 1 : 100 " 1 : 80
" 0,52 " " " " " 1 : 80 " 1 : 60
" 1,60 " " " " " 1 : 60 " 1 : 40

Das Steigungsmaximum beträgt 1 : 40 und kommt bei einer zusammenhängenden grössten Länge von 387 m vor. Dasselbe Verhältniss besteht auch beim Fall auf einer grössten zusammenhängenden Länge von 629 m.

Nach der Horizontalprojektion liegen 9,77 km = 71,21 pCt. der Bahnlänge in gerader Linie und 3,95 km = 28,79 pCt. in Kurven und zwar:

0,45 km in Krümmungen mit Halbmessern v. 1 500 bis inkl. 1000 m
0,33 " " " " " 1 000 " 500 "
1,47 " " " " " 400 " 300 "
1,70 " " " " " weniger als 300 "

Der kleinste Krümmungshalbmesser auf freier Strecke beträgt 75 m und die Summe der Kreisbogengrade aller Krümmungen 1 153,91.

Der Unterbau hat nach dem Normalprofil eine Planumsbreite von 2,95 m, er ist auf eine Länge von 13,18 km durch besonderen Bahnkörper und auf eine Länge von 0,54 km durch öffentliche Strassen gebildet.

Von der Bahn liegen

8,12 km im Auftrag,
4,95 " " Abtrag und
0,65 " in Terraingleiche.

Im Niveau führen 16 Wegeübergänge über die Bahn, welche sämmtlich unbewacht sind.

Das Bettungsmaterial besteht hauptsächlich aus Phonolit und Granit. Nach dem Normalprofil beträgt die obere Breite der Bettung 235 cm und die mittlere Stärke derselben 24 cm; 38 cm ist ihre gewöhnliche Stärke unter dem tiefsten Punkte der Schwellen.

2*

O b e r b a u. In den Gleisen liegen.

32 371 m Flussstahlschienen, 7,35 bis 7,50 m lang und 87 mm hoch, mit einem durchschnittlichen Gewicht von 15,5 kg pro laufendes Meter,

18 377 Stück imprägnirte Querschwellen aus Nadelholz, 150 cm lang, 17 cm breit, 13 cm hoch und

1 668 m imprägnirte Weichenschwellen aus Nadelholz.

An K u n s t b a u t e n sind ausgeführt 9 Brücken mit Eisen-überbau und zusammen 47 Oeffnungen, deren grösste eine lichte Weite von 21,0 m hat; eine Wegüberführung mit Eisenüberbau und 4,1 m Spannweite. Durch die Bahn führen 115 Durchlässe. Davon sind 35 mit Platten gedeckt, 21 sind offen, 59 bestehen aus Röhren von Eisen.

Die Abzweigung der Schmalspurbahn aus dem Bahnhofe Zittau verursachte aussergewöhnliche Schwierigkeiten und ergab in Gemeinschaft mit 2 grösseren Flussübergängen — demjenigen über die Neisse bei Zittel und über die Kipper in Reichenau — sowie mehreren Dorfdurchschneidungen mannigfache Erschwernisse für den Bau.

Näheres hierüber findet sich im ersten Hefte des „Civil-Ingenieurs" für das Jahr 1886 in einer, von den Herren Köpcke und Pressler verfassten fachwissenschaftlichen Darstellung.

———

Die hügeligen Terrainverhältnisse vieler Bahnlinien Sachsens setzen dem Betriebe nicht unerhebliche Widerstände entgegen und zwar ist dies nicht nur bei den Sekundärbahnen, sondern auch bei einem grossen Theile des übrigen Staatsbahnnetzes der Fall. Die einzelnen Linien des Staatsbahnbereiches steigen zusammen 7 658 m und fallen 6 772 m. Da nun jeder Zug den Fall der einen Richtung in der Gegenrichtung als Steigung überwinden muss, so kommt beim Betriebe des zusammen 2 183 km umfassenden Bahnnetzes auf jedes Kilometer Bahnlänge eine durchschnittliche Steigung von 6,61 m, während diese Steigung bei den Bahnen in Württemberg 5,10 m, in Baden 3,97 m, in Bayern 3,78 m und in Preussen sogar nur 3,12 m beträgt. Trotz der grossen Dichtigkeit des Sächsischen Bahnnetzes im Verhältniss zum Flächenraum — es kommen, ähnlich wie in Belgien, 14,78 km Bahn auf je 100 qkm Flächenraum — haben in manchen Landestheilen die Terrainverhältnisse die Anlage von Bahnen noch verhindert, obschon man gerade in Sachsen in der Ueberwindung von Höhenwiderständen schon bei normalspurigen Bahnen ziemlich weit gegangen ist.

Die stärkste Steigung beträgt bei normalspurigen Bahnen mit Primärbetrieb und Personenverkehr 1:40 und bei schmalspurigen Sekundärbahnen mit Personenbeförderung 1:33.

Die schmalspurigen Bahnen Sachsens liegen zum grössten Theil auf Terrain, welches für die Anlage von normalspurigen Bahnen weniger geeignet gewesen sein würde, wobei allerdings auch die verschiedenartigen Tracirungsgrundsätze, die für die Bahnen beiderlei Gattung in Frage kommen, nicht ohne Einfluss geblieben sind. Es geht dies aus nachfolgenden Zahlenangaben hervor:

Von der Gesammtlänge liegen

in Steigungen	bei normal-spurigen Bahnen	bei schmal-spurigen Bahnen
im Verhältniss bis 1:1000 inkl. . . .	5,35 pCt.	1,03 pCt.
„ „ von 1:1000 bis inkl. 1:400	7,86 „	9,06 „
„ „ „ 1:400 „ „ 1:200	17,69 „	12,81 „
„ „ „ 1:200 „ „ 1:100	43,72 „	25,95 „
„ „ „ 1:100 „ „ 1:80	11,18 „	7,21 „
„ „ „ 1:80 „ „ 1:60	8,23 „	31,48 „
„ „ „ 1:60 „ „ 1:40	5,95 „	10,28 „
„ „ über 1:40	0,02 „	2,18 „

Hiernach tritt da, wo in den stärkeren Steigungen — von 1:80 m — der Prozentsatz der normalspurigen Bahnen abnimmt, eine erhebliche Vermehrung des Prozentsatzes an Schmalspurlinien ein.

Der gesammte Höhenwiderstand der Staatsbahnen von zusammen 14 430 m ist durch die Gesammtzahl der Züge jeden Tag 21 Ma⎦u überwinden, denn ebensoviele Male werden die

Sächsischen Staatsbahnen durchschnittlich täglich über ihre ganze Länge befahren.

Ein erheblicher Theil der Sächsischen Bahnen liegt in vielfach gewundenen Flussthälern, deshalb ist eine grössere Länge der Bahnlinien und zwar 44,86 pCt. der Gesammtlänge gekrümmt. Dagegen liegen in Krümmungen von der Gesammtbahnlänge in Württemberg 41,86 pCt., in Bayern 32,58 pCt., in Baden 31,64 pCt. und in Preussen nur 25,68 pCt.

Infolge der grösseren Anwendbarkeit scharfer Kurven bei den schmalspurigen Bahnen entfällt auch ein höherer Prozentantheil ihrer Länge auf die Krümmungen mit geringeren Halbmessern als bei den normalspurigen Bahnen.

Von der Länge sämmtlicher Krümmungen der Sächsischen Staatsbahnen liegen

in Kurven mit Halbmessern	bei normal-spurigen Bahnen	bei schmal-spurigen Bahnen
von mehr als 3000 bis inkl. 3000 m . .	1,22 pCt.	— pCt.
„ „ „ 3000 „ 2000 „ . .	2,17 „	0,29 „
„ „ „ 2000 „ 1500 „ . .	3,75 „	— „
„ „ „ 1500 „ 1000 „ . .	12,06 „	3,03 „
„ „ „ 1000 „ 500 „ . .	29,73 „	13,13 „
„ „ „ 500 „ 400 „ . .	15,12 „	3,43 „
„ „ „ 400 „ 300 „ . .	19,37 „	9,82 „
„ „ weniger als 300 „ . .	16,58 „	70,30 „

Der kleinste Krümmungshalbmesser auf freier Strecke beträgt bei normalspurigen Bahnen mit Primärbetrieb und Personenverkehr 170 m, dagegen bei schmalspurigen Sekundärbahnen mit Personenbeförderung 50 m.

Von der Summe der Kreisbogengrade aller Krümmungen kommen auf jedes Kilometer der in Krümmungen gelegenen Länge aller normalspurigen Bahnen 132,85°, bei den sämmtlichen schmalspurigen Bahnen dagegen 384,11°. Jedes Kilometer der Länge der gekrümmten schmalspurigen Bahnlinie beschreibt hiernach mehr als einen vollen Kreis.

Bei Vergleichung der Anlageverhältnisse des Bahnkörpers ergibt sich folgendes:

Es liegen von der Gesammtlänge der

	normalspurigen Bahnen	schmalspurigen Bahnen
im Auftrag	56,78 pCt.	45,36 pCt.
„ Abtrag	35,02 „	22,81 „
in Terraingleiche	8,20 „	31,83 „

Hiernach liegt fast der dritte Theil der Länge der schmalspurigen Bahnen in Terraingleiche.

Im Bahnniveau führen über die vorhandenen 8 Sekundärbahnen, also auf einer Gesammtlänge von 148,72 km, 643 unbewachte Wege. Es kommt somit auf je 231 m Bahnlänge durchschnittlich ein Niveauübergang. Bei der Wilkau-Saupersdorfer Linie entfällt ein Niveauübergang auf durchschnittlich je 126 m und bei der Radebeul-Radeburger Linie auf durchschnittlich je 1 103 m Bahn.

b) S t a t i o n s a n l a g e n.

Die Zahl der Verkehrsstellen ist bei dem lokalen Charakter der Sekundärbahnen sehr zahlreich bemessen worden. Ihre Ausrüstung ist auf das nothwendigste Mass beschränkt. Perronanlagen sind nur in vereinzelten Fällen vorhanden, da die geringe Höhe der Wagentrittbretter das Aus- und Einsteigen der Reisenden auch ohne Perronanschüttung gestattet. An Stellen mit lebhafterem Personenverkehr sind besondere aus Holzwerk bestehende offene und bedachte Warteräume, auf den grösseren Verkehrsstellen mit Sitzen ausgestattete heizbare Wartezimmer eingerichtet. Für den Restaurationsbetrieb sorgt die Bahnverwaltung nicht.

Drehscheiben sind auf den Sekundärbahnen überhaupt nicht vorhanden: die Maschine fährt in der Gegenrichtung mit Tender voran. Ebenso fehlen Stationsglocken und in der Regel auch Stationsuhren; das Abfahrtssignal wird vom Lokomotiv-

Zittau-Reichenau-Markersdorf.

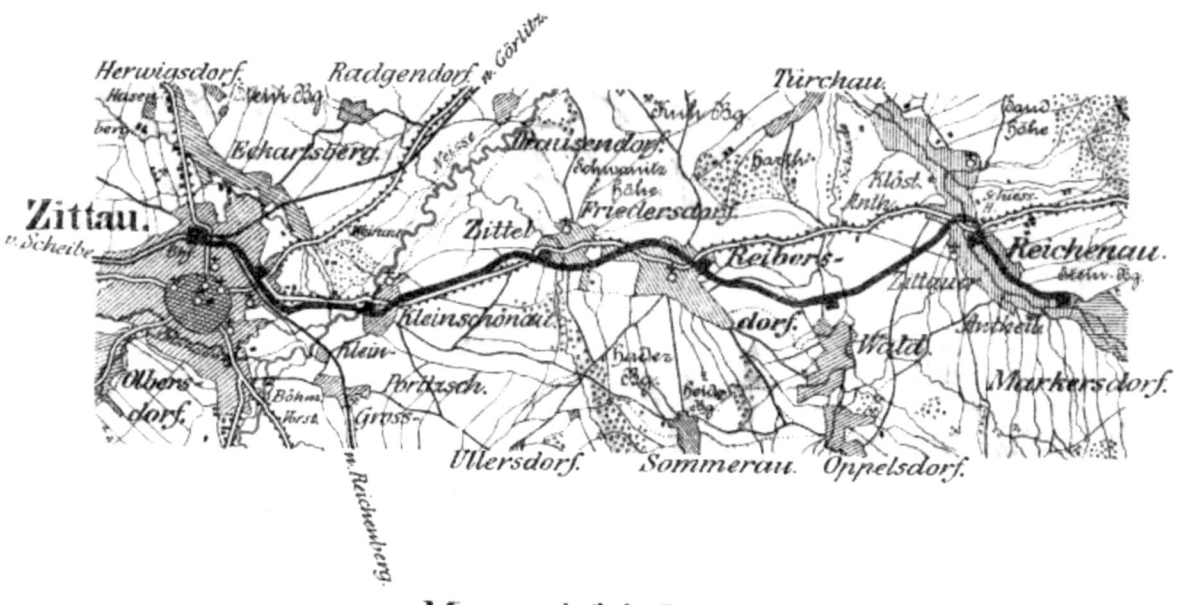

Massstab f. d. Situation.
1:100000.

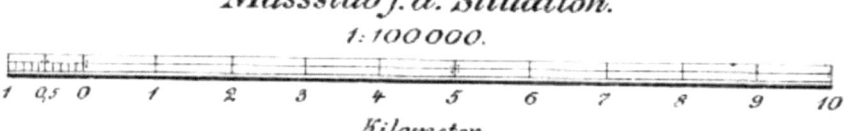

Kilometer.

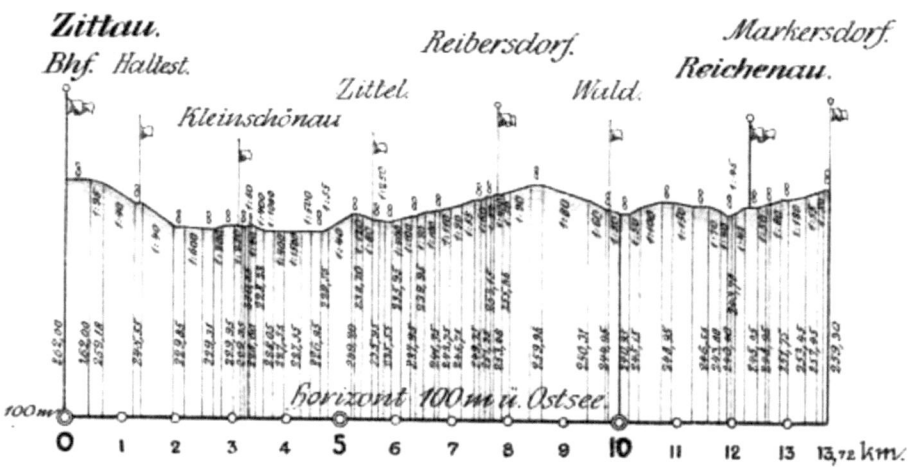

Massstab f. d. Längenprofil.
1:135000 f. d. Längen.

1:5000 f. d. Höhen.

Gez. u. autogr. R. Henke.

führer mit der an der Maschine angebrachten Dampfglocke gegeben.

Für den Güterverkehr auf den Zwischenstationen genügt in der Regel ein Abstell-, Rückstoss- oder Ausweichegleis. Das Absetzen und Abholen der Güterwagen besorgt die Zugmaschine. Zur Bergung der Stückgüter dienen zumeist verschliessbare grosse Oberkästen von ausrangirten bedeckten Güterwagen, welche auf Steinsockeln aufgestellt sind. Nur auf den Stationen mit lebhafterem Güterverkehre sind besondere Güterschuppen aus Fachwand mit eingebauten kleinen Expeditionen vorhanden. Je nach Bedarf sind Holz- oder Steinladerampen, auch Gleiswaagen u. s. w. hergestellt.

Die Einfahrtsweichen auf den Verkehrsstellen sind mit Verschlussvorrichtungen versehen, zu welchen ausser dem Stationsvorstande bezw. Haltestellenwärter auch der Lokomotivführer einen Schlüssel besitzt.

Da, wo Fabrikanlagen durch Zweiggleise mit der Sekundärbahn verbunden sind, werden auf denselben nicht nur Wagenladungsgüter, sondern zum Theil auch Stückgüter ab- und zugeführt.

Der Sitz der Betriebsleitung für jede einzelne Sekundärbahn befindet sich in der Regel an der, dem Anschlusse an die Hauptbahn entgegengesetzten Endstation. Hier sind je nach Bedarf grössere oder kleinere Stationsgebäude mit Expeditionen, Güterschuppen, Warteräumen und Wirthschaftsgebäuden errichtet. In denselben befinden sich auch die Dienstwohnungen für die Bahnverwalter. Auf der Situationszeichnung für die Wilkau-Saupersdorfer Linie ist die Einrichtung eines grösseren und eines kleineren Stationsgebäudes veranschaulicht. Die Maschinenhäuser und Wasserstationen, welche letztere mit Ejektoren-Anlagen zum Wasserheben versehen sind, befinden sich ebenfalls in der Regel auf den Endstationen.

Erforderlichenfalls ist in den Stationsgebäuden auch auf Wohnungen für Lokomotiv- und Zugführer Bedacht genommen worden.

Auf den Uebergangsstationen zu den normalspurigen Bahnen sind besondere Umladevorrichtungen, die in Abschnitt IV näher beschrieben sind, errichtet.

c) Streckenausrüstung.

Auf der freien Strecke werden die Neigungswechsel durch Holztafeln bezeichnet, auf denen die Länge und das Verhältniss der Neigungen angeschrieben ist. Ausserdem sind an denjenigen Orten, wo der Lokomotivführer wegen zu passirender Niveauübergänge vorschriftsmässig das Lokomotiv-Läutewerk in Thätigkeit zu setzen hat, Scheiben aufgestellt, auf deren beiden Seiten die Buchstaben A (Anfang — nämlich des Läutens) und für die Gegenrichtung E (Ende) angeschrieben sind.

An frequenten Wegkreuzungen stehen Warnungstafeln mit der Aufschrift: „Halt! beim Nahen der Maschine.“

d) Signaleinrichtungen.

Die Signaleinrichtungen beschränken sich darauf, dass auf den End- sowie den frequentesten Zwischenstationen gemäss § 41 der Bahnordnung für Eisenbahnen untergeordneter Bedeutung elektrische Sprechapparate, die unter sich durch Telegraphenleitung verbunden, aufgestellt sind. An der Einmündung der Sekundärbahn in den Hauptbahnhof, in dessen Bereich die Sekundärbahn hinsichtlich der Sicherheitsvorkehrungen ähnlich wie die Hauptbahn behandelt wird, gilt ausserdem die Aufstellung eines optischen Abschlusstelegraphen als Regel. Insbesondere tritt die Nothwendigkeit einer zuverlässigen Betriebssicherung da ein, wo das Sekundärbahngleis sich vor dem Bahnhofe auf eine längere Strecke mit dem Hauptbahngleise vereinigt, wie dies auf der Strecke Gadewitz-Grossbauchlitz-Döbeln der Linie Oschatz-Döbeln der Fall ist. Der Gabelpunkt wird in diesem Falle nach Aussen hin durch einen Abschlusstelegraphen gedeckt, welcher von der Station Grossbauchlitz durch Blockapparate abhängig ist.

III. Das Bau- und Anlagekapital.

Der Staatseisenbahn-Neubau wird in Sachsen unter der Oberleitung des Königlichen Finanzministeriums von einer besonderen „Staatseisenbahn-Bauverwaltung“ geführt. Dieser stehen Königliche Finanzministerium ernannte Kommissare vor, welche zugleich Mitglieder der Königlichen Staatseisenbahn-Betriebsverwaltung sind.

Der Staatseisenbahn-Bauverwaltung sind beigegeben: ein technisches Hauptbüreau mit einem Oberingenieur an der Spitze, welcher mit der speziellen technischen Leitung und der Ausführung des Baues beauftragt ist; ferner ein administratives Hauptbüreau und eine Kassenverwaltung, welche zugleich die Baurechnungen führt. In einzelnen Fällen wird vom Königlichen Finanzministerium der Neubau von Bahnen der Staatseisenbahn-Betriebsverwaltung mit ihren Organen übertragen.

Die Sekundärbahnen sind jedoch sämmtlich von der Staatseisenbahn-Bauverwaltung hergestellt worden.

In der folgenden Tabelle wird ein Nachweis über den Herstellungsaufwand der einzelnen Linien gegeben. Die Gliederung desselben ist im allgemeinen nach Massgabe des zur Zeit bei den Eisenbahnen Deutschlands eingeführten allgemeinen Buchungsformulars erfolgt. Die noch nach dem früheren Buchungsformulare abgerechneten Bauaufwendungen für die Pirna-Berggiesshübler Linie sind in ihren einzelnen Theilen den Unterscheidungen des neuen Buchungsformulars möglichst angepasst worden.

In dieser Tabelle ist der Aufwand für die Transportmittelbeschaffung unberücksichtigt geblieben, es ergiebt sich hierdurch ein reinerer Durchschnittswerth für den eigentlichen Herstellungsaufwand der Sekundärbahnen pro Kilometer. Die Transportmittelwerthe sind erst unter b) in den Nachweis über das Anlagekapital eingesetzt worden. Für diese Modalität sprach auch der Umstand, dass die hier in Betracht kommenden Verhältnisse bei den einzelnen Linien insofern verschieden sind, als für die beiden normalspurigen Sekundärbahnen — im Gegensatz zu den Schmalspurlinien — besondere Güterwagen überhaupt nicht angeschafft worden sind.

a) Das Baukapital

| | Normalspurige Bahnen | | | | | | Schmalspurige Bahnen | | | | | | | | |
Aufwendung für	Pirna-Berggiesshübel M	Prozent vom ganzen	Johanngeorgenstadt-Schwarzenberg M	Prozent vom ganzen	Wilkau-Saupersdorf M	Prozent vom ganzen	Hainsberg-Kipsdorf M	Prozent vom ganzen	Oschatz-Döbeln M	Prozent vom ganzen	Radebeul-Radeburg M	Prozent vom festen	Klotzsche-Königsbrück M	Prozent vom ganzen	Zittau-Markersdorf M	Prozent vom ganzen
1. Grunderwerb und Nutzungsentschädigung																
a) Erwerbung des Grund und Bodens	62 691,69	8,24	143 346,31	6,00	45 302,48	7,40	73 367,14	5,39	145 022,95	9,56	39 715,05	5,31	31 222,19	4,15	54 937,45	7,56
b) Entschädigung für Wirthschaftserschwernisse u. s. w.	34 500,39	4,54	85 266,78	3,57	36 701,48	5,99	33 452,59	2,44	59 514,54	3,92	12 562,13	1,68	6 161,93	0,82	11 781,27	1,62
c) Leitung und Regelung des Grunderwerbs	8 534,67	1,12	16 627,66	0,70	9 498,73	1,55	12 498,44	0,90	13 640,57	0,90	6 489,97	0,87	4 793,81	0,64	5 792,27	0,80
2. Erd-, Fels- und Böschungsarbeiten sowie Futtermauern																
a) für den Bahnkörper	123 657,51	16,26	501 213,44	20,96	75 086,36	12,26	187 089,22	13,49	190 401,00	12,55	107 841,56	14,43	73 932,73	9,82	104 326,55	14,35
b) für Wegübergänge u. s. w.	34 301,61	4,51	137 206,33	5,74	11 400,39	1,86	18 858,18	1,37	14 029,95	0,92	16 129,44	2,16	1 905,89	0,25	7 156,39	0,99
3. Einfriedigung u. s. w. neb. d. Bahn u. Schneeschutzanlag.	3 223,07	0,42	841,15	0,00	—	—	186,73	0,01	613,80	0,04	438,74	0,06	314,31	0,04	3,00	0,00
4. Wegübergänge, Ueber- und Unterführungen																
a) Befestigung der Niveauübergänge, Rampen und Parallelwege, Schutzvorrichtungen u. s. w. Parallelwegbrücken	65 900,57	8,66	20 299,15	0,87	9 547,62	1,50	15 741,88	1,13	22 692,16	1,50	22 468,51	3,01	14 037,17	1,86	7 779,96	1,07
b) Wegüber- und Unterführungen u. s. w. ausserhalb der Bahn			17 765,91	0,74	6 353,55	1,04	12 532,77	0,91	24 284,47	1,60	14 310,16	1,91	802,08	0,10	11 392,27	1,57
5. Durchlässe und Brücken innerhalb der Bahn			301 856,47	12,64	85 853,10	14,02	195 522,09	14,25	75 569,10	4,98	55 190,53	7,38	56 959,30	7,55	71 569,43	9,84
6. Tunnels																
7. Oberbau nebst all. Nebenstring. u. zugehör. Ausweichen																
a) Bettungsmaterial	37 725,72	4,96	50 476,73	2,11	89 865,04	6,51	87 791,29	6,40	115 514,45	7,61	44 514,41	5,95	34 388,70	4,57	48 967,89	6,73
b) Schwellen	72 383,06	9,52	29 562,10	1,24	24 973,46	4,08	69 638,22	5,08	80 638,42	5,31	41 848,27	5,60	51 794,84	6,88	34 350,80	4,73
c) Schienen	90 932,00	11,95	192 965,94	5,63	60 788,00	9,92	168 023,06	12,25	204 643,18	13,49	99 642,63	13,33	118 011,54	15,67	83 002,90	11,42
d) Kleineisenzeug	20 531,59	2,70	84 213,21	3,50	9 063,83	1,48	24 725,40	1,80	26 405,05	1,74	16 624,99	2,22	19 883,67	2,63	14 257,07	1,96
e) Fertigstellung des Oberbaues, Anfertigung und Verlegung von Weichen-, Herz- und Kreuzungsstücken, Excentriks	36 849,47	4,95	177 875,57	7,45	34 028,92	5,66	54 247,33	3,95	124 841,68	8,23	46 713,15	6,25	73 949,36	9,82	42 962,47	5,91
8. Signale nebst Zubehör			33 965,41	1,38												
a) optische, akustische und elektrische aller Art	4 632,49	0,61	5 811,76	0,24	3 621,26	0,59	7 595,32	0,55	10 803,85	0,72	4 397,06	0,59	461,90	0,65	3 004,78	0,41
b) Wärterhäuser, Wärterbuden u. s. w.			5 685,85	0,24	100,30	0,02	92,04	0,01	1 326,47	0,09	9,29	0,00	454,42	0,00	94,96	0,01
c) Abtheilungszeichen	2 718,93	0,36	911,61	0,04	609,14	0,10	1 342,45	0,10	1 345,86	0,09	660,99	0,09	574,94	0,12	901,65	0,13
9. Bahnhöfe und Haltestellen																
a) Stationsgebäude, Wartehallen, Bilzreacungen	82 985,93	3,47	82 985,93	3,47	29 255,01	4,78	26 300,54	1,92	36 136,73	2,38	37 820,00	3,72	42 476,19	5,64	21 802,82	3,00
b) Perrons und Treppen, Perronüberdeckungen	4 515,10	0,19	4 515,10	0,19	1 190,38	0,02	5 856,57	0,39	742,37	0,05	4 726,50	0,63	7 106,93	0,94	675,10	0,09
c) Freitritte	1 390,43	0,06	1 390,43	0,06	822,26	0,13	4 966,55	0,36	854,41	0,06	2 408,62	0,32	1 925,11	0,18	1 530,40	0,21
d) Wohnhäuser, Wirthschaftsgebäude, Brunnen und Wasserleitungen, Weichenwärterhäuser u. s. w.	9 907,50	0,42	9 907,50	0,42	2 930,30	0,48	40 343,85	2,94	5 329,51	0,35	3 102,54	0,42	8 924,67	1,18	3 327,29	0,46
e) Lokomotiv- und Wagenschuppen, Löschgruben, Wasserstations-Gebäude und Wasserleitungen für Lokomotivspeisung, Wasserkrane u. s. w.	49 638,00	6,52	20 854,20	0,87	8 144,00	1,33	18 649,00	1,36	35 056,13	2,31	23 952,00	3,20	29 268,59	3,89	19 431,18	2,67
f) Güterschuppen	20 854,20		26 783,67	1,12	10 744,33	1,75	20 053,74	1,46	26 581,49	1,76	8 455,87	1,13	18 730,12	2,49	23 437,94	3,22
g) Rampen, Umladeperrons, Schiebebühnen, Drehscheiben, Feuergruben, Hebegerüste, Ladekrahne, Waagen	26 783,67		23 787,85	1,00	1 535,17	0,25	10 906,86	0,74	29 974,61	1,98	10 005,00	1,34	15 906,95	2,11	11 565,82	1,58
h) Entwässerung, Befestigung, Einfriedigung und Strassen der Bahnhöfe	23 787,85	1,00	30 016,11	1,26	13 462,15	2,20	43 474,06	3,17	53 652,21	3,54	22 054,30	2,95	16 870,40	2,17	30 410,76	4,18
i) Allgemeine Bahnhofsausstattung	30 016,11	1,95	3 507,08	0,16	1 297,50	0,21	9 297,30	0,67	6 702,97	0,44	5 432,06	0,73	4 828,76	0,64	3 375,50	0,46
10. Werkstattsanlagen (vergleiche Anlagekapital)	3 507,08															
11. Ausserordentliche Anlagen, als Flussverlegungen, aussergewöhnliche Chaussee- und Wegeanlagen	14 822,61		34 819,54	1,46	13 013,33	2,12	738,75	0,05	5 929,51	—	—	—	1 499,41	0,20	9 625,43	1,32
12. Betriebsmittel (vergleiche Anlagekapital)																
13. Verwaltungskosten, als:																
a) Administrativverwaltung {Gehalte, Kommissionen, Diäten, Tagelöhne, Reisekosten und andere}	34 819,54		38 255,91	1,60	15 753,56	2,58	36 274,00	2,64	43 913,72	2,89	17 475,00	2,34	21 024,53	2,79	17 074,64	2,35
b) Technische Verwaltung {persönliche Ausgaben, Geschäftsbedürfnisse, Invertar u. s. w.}	25 797,58	3,38	25 299,09	1,06	10 053,44	1,64	23 373,57	1,70	23 192,26	1,53	10 110,10	1,35	10 266,16	1,36	9 852,76	1,36
c) Spezielle Bauverwaltung	9 134,44	1,20	154 607,67	6,47	41 536,96	6,78	117 134,01	8,54	100 280,00	6,61	48 851,90	6,54	51 291,23	6,81	44 899,04	6,11
14. Vorarbeiten und Entschädigung während derselben	31 221,94	4,10	18 880,39	0,79	6 790,75	1,10	26 098,55	1,90	21 578,72	1,42	20 880,13	2,79	16 738,77	2,22	15 092,01	2,08
15. Insgemein, als: provisorische Anlagen, Projektsveränderung, Krankenverw. u. s. w. Projektsveränderung	16 887,46	2,22														
Insgemein {	6 415,42	0,84	2 531,92	0,11	806,19	0,14	6 462,04	0,47	4 691,42	0,30	1 786,75	0,24	9 670,79	0,30	2 045,66	0,28
16. Verzinsung des Baukapitals während der Bauzeit.	8 133,00	1,07	76 444,34	3,20	2 753,67	0,45	20 597,65	1,50	17 336,61	1,14	10 998,44	1,46	10 355,00	1,37	11 091,22	1,53
Gesammtsumme	760 686,93	100	2 388 647,91	100	612 573,65	100	1 372 008,63	100	1 517 397,13	100	747 532,49	100	753 229,84	100	726 963,54	100
Durchschnittlich pro Kilometer Bahnlänge	50 984,47	—	137 833,12	—	60 952,60	—	63 304,02	—	49 074,94	—	45 168,13	—	38 646,90	—	52 984,95	—

Um die bei den einzelnen Bahnen bestehenden Verschiedenheiten auszugleichen, wurden zur Ermittelung eines brauchbaren Durchschnittswerthes die Ergebnisse der sechs Schmalspurbahnen für jede der in 16 Hauptgruppen zusammengefassten Bauaufwendungen in ein Ergebniss vereinigt.

Der durchschnittliche Bauaufwand betrug pro Kilometer Bahn:

für	Mark	Prozente vom Gesammt-aufwande
1. Grunderwerb u. Nutzungsentschädigung	5 176	10,52
2. Erd-, Fels- und Böschungsarbeiten u. s. w.	6 921	14,07
3. Einfriedigungen neben der Bahn, Schneeschutzanlagen	14	0,03
4. Wegübergänge, Ueber- u. Unterführungen	1 391	2,83
5. Durchlässe u. Brücken innerhalb der Bahn	4 641	9,44
6. Tunnels	75	0,15
7. Oberbau nebst allen Nebensträngen und Ausweichen	16 285	33,10
8. Signale nebst Zubehör	362	0,74
9. Bahnhöfe und Haltestellen	6 898	14,02
10. Werkstättenanlagen	—	—
11. Ausserordentliche Anlagen	214	0,43
12. Transportmittel	—	—
13. Verwaltungskosten	5 511	11,20
14. Vorarbeiten	919	1,87
15. Insgemein, provisor. Anlagen. Projektänderungen	161	0,33
16. Verzinsung des Baukapitals während der Bauzeit	627	1,27
zusammen	49 195	100,00

Bei den vom Staate erbauten billigsten eingleisigen normalspurigen Bahnen beträgt der durchschnittliche Herstellungsaufwand pro Kilometer ohne die Kosten für Transportmittel und Werkstättenanlagen:

1. bei der Plagwitz-Gaschwitzer Linie . . . 123 395 *M.*
2. " " Rochlitz-Peniger Linie . . . . . 135 322 "
3. " " Neustadt-Dürrröhrsdorfer Linie . 180 274 "

Im grossen und ganzen betrachtet, bilden bei den 6 schmalspurigen Sekundärbahnen zusammen der Werth des Grund und Bodens, die Kosten der Erd-, Fels- und Böschungsarbeiten, sowie der Kunstbauten reichlich ein Dritttheil des Gesammtaufwandes; die Kosten des Oberbaues sind fast gleich gross, während das letzte Dritttheil von den übrigen Ausgaben (Hochbauten, Bauzinsen, Bauverwaltungskosten u. s. w.) absorbirt wird.

b) Das Anlagekapital

wird in der Hauptsache gebildet durch die in der vorersichtlichen Tabelle nachgewiesenen Baukosten. Aus diesen sind ausgeschieden die auf die Anschlussbahnhöfe aufgewendeten Beträge; diese sind mit den Anlagekosten der Anschlussbahnhöfe zu einem ganzen vereinigt und die hierdurch gefundenen Gesammtkosten jedes Gemeinschaftsbahnhofes sodann nach Massgabe des bei den Staatsbahnen solchenfalls allgemein üblichen Verfahrens im Verhältniss der Anzahl der auf jede Linie entfallenden Züge sowie der durchschnittlichen Achsenstärke derselben zwischen Haupt- und Sekundärbahn repartirt worden. Der hiernach von den Gesammtkosten der Gemeinschaftsbahnhöfe auf die Sekundärbahnen entfallende Antheil wird in der nächstfolgenden Uebersicht besonders nachgewiesen.

Ferner sind hier noch zu berücksichtigen die in der Baukostenübersicht ausgelassenen Werthe der den einzelnen Linien zugewiesenen Transportmittel. Dem Anlagekapital der normalspurigen Bahnen, auf welche die Transportmittel der Hauptbahnen übergehen können, werden für die Mitbenutzung dieser Transportmittel alljährlich antheilige Werthe von den Gesammtbeschaffungskosten der Hauptbahn-Transportmittel zugeschrieben; die Höhe dieser Werthe bestimmt sich nach der thatsächlichen Inanspruchnahme jener Transportmittel für die Zwecke des Sekundärbahnbetriebes innerhalb des betreffenden Jahres. Dies ist auch bei der nachstehenden Uebersicht berücksichtigt worden. In gleicher Weise war bei Bestimmung der Anlagekapitale auch für die Sekundärbahnen ein entsprechender Antheil der Anlagekosten für die Werkstätten in Ansatz zu bringen; derselbe ist für jede einzelne Linie auf Grund der Transportmittelkosten festgestellt worden; hiernach berechnet sich das Anlagekapital für die Sekundärbahnen wie folgt:

Linie	Baukapital nach Abzug der Kosten für Anschlussbahnhöfe *M.*	antheiliger Bauaufwand für Anschlussbahnhöfe *M.*	Anschaffungskosten der Transportmittel *M.*	antheil. Aufwand für die Werkstättenanlagen *M.*	zusammen *M.*	pro Kilometer Bahnlänge *M.*
Pirna-Berggiesshübel	760051,89	53692,36	98615,21	7251,49	919610,95	61636,12
Johanngeorgenst.-Schwarzenberg	2365570,90	46265,16	114116,88	8391,37	2534344,31	146240,29
Wilkau-Saupersdrf.	593242,64	24797,68	96315,28	7082,37	721437,97	71784,87
Hainsberg-Kipsdorf	1314807,32	10987,76	201035,52	14782,78	1541613,38	59891,74
Oschatz-Döbeln	1444158,88	110913,90	221159,07	16262,52	1792494,37	57972,00
Radebeul-Radeburg	707863,59	17379,66	138654,42	10195,70	874093,37	52815,31
Klotzsche-Königsbrück	712635,70	1488,57	104831,17	7708,57	826664,01	42414,78
Zittau-Markersdorf	676429,66	50523,88	90774,91	6674,97	824403,42	60087,71

IV. Transportmittel und Umladevorrichtungen.

a) Transportmittel für schmalspurige Sekundärbahnen.

1. im allgemeinen.

Die Transportmittel für die schmalspurigen Sekundärbahnen sind von der Maschinen-Hauptverwaltung der Sächs. Staatseisenbahnen konstruirt und mit Ausnahme der Lokomotiven in den Staatsbahnwerkstätten gebaut worden. Das hierbei eingehaltene Normalprofil „für 0,75 m Spurweite" ist dasjenige, welches von der Konstanzer Technikerversammlung des Vereins Deutscher Eisenbahnverwaltungen im Jahre 1876 festgesetzt wurde.

Bei der Konstruktion der Transportmittel ist das Einbuffer-system zur Anwendung gekommen. Hierbei ist der elastische Zug- und Stossapparat in einer Vorrichtung vereinigt und zwar dient zum Kuppeln ein Zugeisen, welches nach erfolgter Zusammenschiebung der Fahrzeuge durch einen Bolzen mit der Buffervorrichtung verbunden wird. Zu diesem Zwecke ist die oval geformte Bufferscheibe in der Mitte soweit ausgeschnitten, dass das eingesteckte Zugeisen auch bei der Kurvenfahrt sowohl in der seitlichen als auch in der Höhenrichtung den erforderlichen Spielraum findet. Damit das Zugeisen gegen Verbiegungen geschützt werde, ist die Einrichtung getroffen, dass das Zugeisen beim abgekuppelten Wagen soweit in den Buffer zurückgeschoben werden kann, dass kein Theil gegen den Buffer vorsteht. Zu diesem Zweck haben die beiden Buffer jedes Wagens verschiedene Länge, so dass stets ein langer Buffer mit einem kürzeren zusammentrifft. Der kurze Buffer enthält ein Kuppelbolzenloch, der längere deren zwei.

Sämmtliche Transportmittel sind mit der Heberleinbremse versehen, die bekanntlich von der Maschine aus durch den Lokomotivführer gehandhabt wird. Bei etwa während der Fahrt stattfindenden Zugtrennungen treten sämmtliche im Zuge befindliche Bremsen gleichzeitig und selbstthätig in Wirksamkeit. Dabei ist die Möglichkeit gewahrt, einen einzelnen Wagen, der vom Zuge abgeschoben wird, für sich allein zu bremsen, denn durch einfaches Ausheben und Fallenlassen bezw. Anheben und Einhängen der an der Stirnseite des Wagens befindlichen Bremszugstange kann die Bremse leicht in bezw. ausser Thätigkeit gesetzt werden.

Mit Rücksicht auf die bei den Schmalspurbahnen vielfach vorkommenden scharfen Kurven ist für die zweiachsigen Personen- sowie für die Mehrzahl der Güterwagen das Lenkachsensystem zur Anwendung gebracht worden. Die radial verstellbaren Achsen sind in einem Untergestelle gelagert, welches um einen, über dem Achsmittel sitzenden vertikalen Drehzapfen beweglich ist. Dieses Untergestelle besteht aus einem leichten, aus Winkeleisen hergestellten, viereckigen Rahmen, in dessen Mitte die cylindrisch ausgedrehte Lagerbüchse aus Schmiedeeisen mit eingesetztem Metallfutter befestigt ist, während die Achsgabeln an den Seiten des Rahmengestelles angebracht sind. Die Tragfedern sind an den Langträgern aufgehängt und mit den Achslagerkästen beweglich verbunden, so dass sie an der Bewegung der Achsen theilnehmen, welche letztere in den Kurven, dem Radius entsprechend, vor- oder nacheilen. Diese Federverschiebung wirkt auf die Winkelstellung der Federgehängelaschen in der Weise ein, dass die letzteren durch das Gewicht des Oberkastens in ihre ursprüngliche symmetrische Lage zurückgeführt werden und die Achsen des Fahrzeuges in ihre normale, d. h. unter sich parallele Lage zurückkehren, sobald dasselbe aus der Kurve in die gerade Linie einfährt. Die Drehstelle sind auf einer Seite durch Stangen und einen doppelarmigen Hebel derart gekuppelt, dass ihre Bewegung stets gleichzeitig und abhängig von einander erfolgt. Die Bremse ist am Drehgestelle des Wagens befestigt. Die Aufhängungspunkte der Bremsrollen derselben nehmen sonach an der Radialstellung der Wagenachse Theil, und da auch die Bremsklötze am Drehgestelle aufgehängt sind, so kann die Wirkung der Bremse nicht nachtheilig auf die radiale Einstellung der Achsen in den Kurven einwirken. Der Nutzen der Lenkachsen liegt nicht in der geringeren Abnutzung des Reifen- und Schienenmaterials, sondern auch in der Füglichkeit, ohne Rücksicht auf die Kurvenverhältnisse grössere Radstände zur Anwendung zu bringen, endlich ganz besonders in der Verringerung des Widerstandes der Fahrzeuge in den Kurven.

Die Achsen der sämmtlichen Wagen sind aus Tiegelgussstahl, die Räder zum Theil aus getempertem Stahlguss, zum Theil aus Hartguss hergestellt worden, ausserdem kommen auch schmiedeeiserne Speichenräder mit Bessemerstahlreifen zur Verwendung.

Ein betriebsfähiger Radsatz mit zwei Rädern von 0,5 m Durchmesser wiegt — je nachdem er einer der vorgenannten Gattungen angehört — 138,07 kg (Tempergussstahl), 179,19 kg (Hartguss) oder 219,00 kg (Speichenräder).

2. Lokomotiven.

Auf den schmalspurigen Bahnen kommen Tenderlokomotiven mit drei gekuppelten Achsen und ausserdem auf der Linie Hainsberg-Kipsdorf noch Tenderlokomotiven nach Fairlie's Patent zur Verwendung.

Die Tenderlokomotiven mit 3 gekuppelten Achsen sind in der Sächsischen Maschinenfabrik zu Chemnitz erbaut, haben eine Gesammtlänge zwischen den Buffern von 5,630 m, einen Radstand von 1,8 m und einen Treibraddurchmesser von 750 mm. Der Achsendurchmesser an der inneren Nabenfläche (im Lager) beträgt 105 mm. Eine solche Lokomotive wiegt leer 12,45 t, während im betriebsfähigen Zustande die Vorderachse mit 5,36 t, die Mittel- und Hinterachse mit je 5,32 t belastet ist, so dass das gesammte Adhäsionsgewicht 16 t beträgt.

Die Grösse der Heizfläche beträgt im Feuerkasten 3,11 qm, in den Rohren 26,61 qm, die der Rostfläche 0,66 qm. Die horizontalen Cylinder haben einen Durchmesser von 240 mm und einen Kolbenhub von 380 mm. Der zulässig höchste Ueberdruck des Dampfes im Kessel beträgt 12 Atmosphären.

Die Lokomotiven haben aussenliegende Allan'sche Steuerung mit Klemmhebel und eine Wurfhebelbremse, die auf die hinteren Räder wirkt. Die Wasserbehälter von 1,5 cbm Fassungsraum befinden sich an den Seiten sowie unterhalb des Langkessels. Der Kohlenraum hat 0,60 cbm Inhalt. Die Lokomotiven sind mit einem Dampfläutewerk, einer Dampfleitung mit normaler Kuppelung zur direkten Wasserhebung, einer Haspel für die Heberleinbremse und einem Hohlfeld'schen Funkenfänger ausgerüstet.

Die Anschaffungskosten betrugen mit Einschluss der Ausrüstung 16 891 bis 18 200 ℳ. (Taf. I.)

Die Tenderlokomotiven nach dem System Fairlie sind mit Doppelkessel und vier Cylindern ausgerüstet und haben 2 × 2 gekuppelte Achsen. Sie sind von R. & W. Hawthorn in Newcastle upon Tyne erbaut. Die Gesammtlänge zwischen den Buffern beträgt 9,2 m, die grösste Breite 2,14 m und die Höhe 3,0 m von Schienenoberkante. Der äussere Radstand beträgt 5,688 m, der Radstand zwischen je zwei gekuppelten Achsen 1,372 m und der Treibraddurchmesser 813 mm.

Eine solche Lokomotive wiegt leer 22,30 t; im betriebsfähigen Zustande ist jede Achse mit 7,225 t belastet, so dass das gesammte Adhäsionsgewicht 28,90 t beträgt. Der Kessel hat doppelte Heizungseinrichtung. Die Heizfläche ist in den Feuerbüchsen 5,96 qm, in den 2 × 97 Siederohren 51,82 qm, die Gesammtheizfläche ist sonach 57,78 qm gross. Dabei beträgt die Grösse der Rostfläche 1,16 qm. Die vier horizontalen Cylinder liegen aussen, haben einen Durchmesser von 216 mm und einen Kolbenhub von 355 mm. Der Ueberdruck im Kessel beträgt 10 kg pro Quadratcentimeter; die Wasserbehälter besitzen für 2,88 cbm und die Kohlenräume für 950 kg = 1,10 cbm Fassungsraum. (Taf. II.)

3. Personenwagen.

Die Personenwagen haben an jeder Stirnseite eine geräumige Plattform und sind im Innern mit Sitzplätzen an den beiden Langseiten versehen. Durch diese Einrichtung wird eine Verbindung unter sämmtlichen Personenwagen eines Zuges hergestellt. Schiebethüren gestatten das Oeffnen und Schliessen der Wagen, ohne die auf den Plattformen stehenden Personen zu belästigen. Die Plattformen sind überdacht und durch einen Auftritt bequem zugänglich, sie bieten für drei Personen Stehplätze und sind seitwärts nach Aussen durch bewegliche Eisenstangen abgeschlossen.

Jeder Wagen trägt fast in der ganzen Länge des Kastens einen Oberlicht-Aufbau mit seitlichen Klappfenstern, die dem inneren Raume Luft und Licht zuführen. Die an den Langseiten des Wagens angebrachten grossen Fenster sind so eingerichtet, dass dieselben nur zur kleineren Hälfte in die Seitenwand herabgelassen werden können, so dass die Reisenden gegen Verletzungen infolge Hinausbeugens des Oberkörpers geschützt sind.

Die zweiachsigen Personenwagen haben eine Gesammtlänge von 6,52 m und einen Radstand von 3,8 m. Sie enthalten ausser den sechs Stehplätzen auf den beiden Plattformen entweder 16 Sitzplätze III. Klasse oder 10 Sitzplätze III. Klasse und in einem durch Scheidewand getrennten Raume 6 Plätze II. Klasse. Der mittlere Sitz dieser beiden Sitzreihen (in der II. Klasse) ist zum Aufklappen eingerichtet, so dass die Passagiere — falls nur vier Personen oder weniger in dieser Abtheilung fahren — sich auch in der Richtung bezw. in der Gegenrichtung des Zuges setzen können. Die Sitzplätze und Rücklehnen der II. Klasse bestehen aus leichten, mit Rohrgeflecht überspannten Holzrahmen; die vier Ecksitze sind mit Rosshaarkissen belegt. Die Sitzbänke der III. Klasse sind aus Eschenholzlatten hergestellt. Durch Einlagen von Polsterkissen werden die Abtheilungen III. Klasse nach Bedarf in Abtheilungen II. Klasse umgewandelt; in diesem Falle wird die äussere Klassenaufschrift des Wagens durch ein überzuhängendes Schild entsprechend abgeändert.

Die Beleuchtung der Personenwagen erfolgt durch in den Stirn- bezw. Scheidewänden angebrachte Oellampen. Die Heizung geschieht durch Oeten, deren Aufstellung nach Bedarf durch Herausnahme je eines Sitzes ermöglicht wird.

Das Eigengewicht eines zweiachsigen Personenwagens mit Bremse beträgt 2575 kg und ohne Bremse 2450 kg. (Taf. III Fig. 2.)

Die vierachsigen Personenwagen besitzen eine Gesammtlänge von 10,62 m; je zwei Achsen haben ein in einem Kugelzapfen drehbares Untergestelle. Der Radstand der Drehgestelle beträgt 1,3 m, die Drehzapfenentfernung 6,5 m. Der Wagen enthält 6 Plätze II. Klasse, 27 Plätze III. Klasse und 6 Stehplätze auf den Plattformen; sein Gewicht beträgt 4750 kg. (Taf. III Figur 1.)

Während des Sommers läuft auf der Linie Hainsberg-Kipsdorf noch ein 4-achsiger Aussichtswagen mit 36 Sitzplätzen und 2 Plattformen. Von den 4 Achsen sind je 2 in einem Gestelle vereinigt, welches in einem Zapfen drehbar ist. Der Radstand der Gestelle beträgt 1,3 m, die Drehzapfen-Entfernung 7,1 m, die Gesammtlänge zwischen den Buffern 10,62 m, die äussere Kastenlänge 8,3 m, die Breite 1,71 m. Der Wagen hat Bremseinrichtung und wiegt 4750 kg.

Die Langseiten sind mit je 10 Glasfenstern ausgestattet, wobei die freie Aussicht durch Einschränkung der Stärkendimensionen der Säulen und Rahmen thunlichst gewahrt worden ist. Die Plattformen sind bis zur Fensterhöhe des Wagens mit verschliessbaren Seitenthüren versehen. Das Innere des Wagens ist derartig eingerichtet, dass die beiden Endabtheilungen von je 2,47 m Länge ohne Stirnwände sind und mit der äusseren überdeckten Plattform zusammen je einen offenen Raum bilden, in welchem Stühle aufgestellt werden. Der mittlere Raum von 3,2 m Länge hat den gleichen Oberlichtaufbau wie die übrigen Personenwagen, ist nach beiden Seiten durch Zwischenwände mit Schiebethüren abgeschlossen und hat an den Langseiten feste Bänke.

Neben den Personenwagen werden im Bedarfsfalle aushilfsweise auch offene Güterwagen zur Personenbeförderung verwendet. Zur Sicherung der Reisenden werden die Bordwände diesfalls durch abnehmbare Lattenaufsätze erhöht, sowie die Klappthüren durch leichtbewegliche Lattenthüren ersetzt und durch Anbringen von Fusstritten bequem zugänglich gemacht.

Zur Erleichterung des Umsteigens von einem Wagen zum andern sind für das Fahrpersonal Tritte an den äusseren und inneren Seiten der Stirnwände der Fahrzeuge angebracht.

4. Güterwagen.

Die bedeckten Güterwagen mit zwei Lenkachsen haben eine Gesammtlänge von 6,48 m und 3,8 m Radstand. Der Kasten ist 5,8 m lang, hat 9,0 qm Bodenfläche und 15,72 cbm Fassungsraum. Die Thüren befinden sich in der Mitte der Längsseite. Die Wagen haben 5000 kg Tragfähigkeit und wiegen mit Bremse 2600 kg, ohne Bremse 2275 kg. (Taf. IV Fig. 1.)

Ausserdem ist noch eine ältere Konstruktion dieser Wagen mit gleicher Tragfähigkeit in Verwendung; diese besitzen nur eine Gesammtlänge von 4,78 m, 2,7 m Radstand, 4,05 m Kastenlänge, 6,4 qm Bodenfläche, 11,17 cbm Fassungsraum und 2100 kg bezw. 1925 kg Eigengewicht, je nachdem die Wagen mit Bremsvorrichtung versehen sind oder nicht.

Die mit zwei Lenkachsen versehenen offenen Güterwagen haben dieselbe Gesammtlänge und denselben Radstand wie die an erster Stelle beschriebenen bedeckten Güterwagen, die Bodenfläche beträgt 9,3 qm, die Höhe der Bords 0,75 m, der kubische Inhalt 6,94 cbm. Die Wagen haben 5000 kg Tragfähigkeit und ein Eigengewicht von 2375 kg einschliesslich der Bremse. Die Seitenthüren haben die Form von Klappen mit oben liegenden Charnieren und unten angebrachtem Verschluss; der Verschluss erfolgt durch das Anlegen zweier Knaggen, die an einer durch einen Handhebel zu bewegenden Welle angebracht sind. Die Thüren können sowohl aufgeklappt als auch ganz ausgehoben werden. (Taf. IV Fig. 2.)

Die offenen Wagen werden auch zum Viehtransport benutzt; zu diesem Zwecke werden die Bordwände durch Aufsatzbords um etwa das Doppelte erhöht. Bei ihrer Verwendung zu Kalktransporten werden diese Wagen mit Klappdeckeln versehen.

Die Wagen zum Langholztransport sind mit Lenkschemel versehen, haben zwei steife Achsen mit 1,5 oder 1,2 m Abstand, 5000 kg Tragfähigkeit und 1200 kg Eigengewicht. (Taf. V Fig. 2.)

Die Düngertransportwagen haben zwei Lenkachsen und besitzen in dem kesselartigen Behälter einen Raum für 5000 kg flüssiger Düngstoffe. Die Wagenlänge beträgt 4,78 m, der Radstand 2,70 m und das Eigengewicht 3025 kg. Von solchen Wagen sind zur Zeit nur zwei Stück vorhanden, die auf der Linie Klotzsche-Königsbrück verwendet werden. Die umsetzbaren Kessel dieser Wagen werden mittelst des auf der Station Klotzsche vorhandenen Hebekranes zu je zweien auf die normalspurigen Wagen verladen und sodann auf der Hauptbahn weiterbefördert. (Taf. V Fig. 3.)

Dieser Hebekrahn dient auch zur Ueberladung von abnehmbaren Wagenkästen, welche nach Form und Grösse den gewöhnlichen bedeckten und offenen Wagenkästen der normalspurigen Wagen gleichen und für die Beförderung solcher Güter, die — wie z. B. Topfwaaren, welche das Umladen nicht gut vertragen — im Uebergangsverkehre nach und von der Normalbahn verwendet werden. Die Umsetzung dieser Wagenkästen erfolgt dergestalt, dass der Kasten von seinen Drehgestellen, mit welchen er durch je einen Zapfen verbunden, mittelst der Laufwinden seitwärts nach einem Parallelgleis verschoben und auf die dort stehenden Auswechselungs-Drehgestelle heruntergelassen wird. (Taf. VI Fig. 2.)

Als Unterwagen zum Transport der Wagenkästen auf Normalspurbahnen dienen ältere zweiachsige Untergestelle; dieselben sind so eingerichtet, dass je zwei davon einen Setzkasten tragen. Für die schmalspurige Bahn wurden Untergestelle mit steifen Achsen, nur einseitiger Buffervorrichtung, je 1,2 m Radstand, 5000 kg Tragfähigkeit und einem Eigengewicht von 980 kg hergestellt.

Ein umsetzbarer bedeckter Wagenkasten hat 4000 kg Eigengewicht, 21,0 qm Bodenfläche und 40,37 cbm Fassungsraum.

Ein Setzkasten nach Form der offenen Wagen wiegt 2900 kg, hat 20,74 qm Bodenfläche und 12,34 cbm Fassungsraum. (Taf. V Fig. 1.)

Eine anderweite Lösung der Frage, die Umladung der Güter beim Uebergange von der normalspurigen auf die schmalspurige Bahn oder umgekehrt zu vermeiden, ist durch

Verwendung der Langbein'schen Transporteure oder Rollschemel erreicht worden. Diese Rollschemel gestatten, die Hauptbahnwagen mit ihren Achsen und Rädern auf schmalspurigen Gleisen zu transportiren.

Ein solcher Rollschemel besteht für sich aus einem kleinen zweiachsigen Wagen mit einem kreuzförmigen, die Achslager enthaltenden Gestelle. In der Mitte des letzteren ist ein kräftiger Bolzen (Königszapfen) angebracht, auf dem eine Traverse drehbar aufgehängt ist. Durch diese Verbindung der Traverse mit dem eigentlichen Unterwagen sind beide zu einander derart drehbar, dass, wenn jede Achse eines zu transportirenden Hauptbahnwagens fest mit der Traverse eines Rollschemels verbunden ist, die Achsen des letzteren sich beim Durchfahren von Kurven leicht einstellen. Da für jede Achse eines Hauptbahnwagens ein derartig konstruirter Rollschemel verwandt wird, so kommt der Radstand des ersteren selbst überhaupt nicht in Frage.

Die Vorbereitungen zum Transport eines Wagens bestehen in folgendem:

Auf der Anschlussstation befinden sich zwei stumpfe Gleise, das eine normal-, das andere schmalspurig, welche von entgegengesetzter Seite mit ihren geraden Enden auf etwa 12 m Länge in einander greifen. Die Schienen des normalspurigen Gleises liegen gegenüber den Enden des schmalspurigen Gleises 150 mm höher als diese, neigen sich allmählich zu dem Niveau des Schmalspurgleises herab und haben da, wo die Spurkränze der normalspurigen Fahrzeuge die Traverse des Rollschemels erreichen, eine kleine Vertiefung; in dieser bleiben die Räder eines langsam übergeschobenen Wagens ruhen. Der Rollschemel wird bis an diese Vertiefung unter die betreffende Achse geschoben, die Traverse mit der letzteren durch die oben erwähnten Gabeln verbunden und sodann der Wagen mit dem Rollschemel verschoben, wodurch sich die Achse fest auf die Traverse lagert. Eine solidere Verbindung beider wird alsdann noch durch Haken und Klemmschrauben, die einerseits an der Traverse befestigt sind, andererseits den Reifen fassen, hergestellt.

In gleicher Weise wird sodann die zweite Achse des zu transportirenden Wagens mit einem anderen Rollschemel fest verbunden. Der nun vollständig auf den Rollschemeln ruhende Hauptbahnwagen kann vermöge der grossen Beweglichkeit der Rollschemel-Achsen auch die kleinsten Kurven mit Leichtigkeit durchfahren. Beim Einstellen eines so ausgerüsteten Wagens in einen Zug geschieht die Kuppelung mit vorhergehenden bezw. nachfolgenden Schmalspurwagen durch eine Kuppelstange, welche einerseits mit ihrem gabelförmigen Ende an der Achse des Normalwagens festgeschraubt, am anderen Ende dagegen in gewöhnlicher Weise mit dem Buffer des schmalspurigen Wagens durch Bolzen verbunden wird. Geringes todtes Gewicht, leichte Beweglichkeit in den Kurven und möglichst tiefe Stellung des Hauptbahnwagen zur Schmalspurbahn, durch welche letztere eine verhältnissmässig grosse Stabilität erzielt wird, sind Vorzüge dieser Rollschemel gegenüber anderen ähnlichen Einrichtungen. Dieselben erscheinen auch für schmalspurige Zweiggleise von Normalbahnen nach Fabriken sehr nutzbringend. (Taf. VI Fig. 1.)

Zum Zwecke der Umladung von Wagenladungsgütern aus den Normal- in die Schmalspurwagen und umgekehrt sind auf den Anschlussstationen die für die Ueberladung bestimmten Gleise der Schmalspurbahn so nahe an die Normalgleise und zwar in paralleler Richtung mit diesen herangerückt worden, dass die Güter mit der Hand, bezw. mit der Schaufel von Wagen zu Wagen gereicht werden können. Diese Ueberladegleise sind zum Theil überdeckt. Ausserdem sind zur Verladung von Schmalspurfahrzeugen auf Transportmittel der Normalbahn — zum Zwecke ihrer Versendung an die Centralwerkstätte u. s. w. — Auffahrtsrampen gebaut worden, die mit schmalspurigen Gleisen belegt sind. Die Höhe dieser Rampen an der Stirnseite entspricht der Bodenhöhe der Normalbahnwagen. Die Ueber-

leitung von der Rampe auf die Lowrys der Hauptbahn wird durch abnehmbare Schienenstücke vermittelt.

Die Umladung der Stückgüter erfolgt in den Güterhallen, in welche je ein schmalspuriger Schienenstrang von entsprechender Länge eingeführt worden ist.

b) für normalspurige Sekundärbahnen.

Für die normalspurigen Sekundärbahnen sind nur besondere Lokomotiven und Personenwagen beschafft worden.

Zur Beförderung der Güter werden die Wagen von der Hauptbahn mit benutzt.

1. Lokomotiven.

Für die Linien Pirna-Berggiesshübel und Johanngeorgenstadt-Schwarzenberg sind je 2 Stück Tenderlokomotiven mit 2 gekuppelten, vor der Feuerbüchse liegenden Achsen in Verwendung. Die Lokomotiven wiegen leer 14,25 und 15,30 t; im betriebsfähigen Zustande beträgt das Gesammt-Adhäsionsgewicht 18,76 und 20,10 t. Die schwereren Lokomotiven haben 10 mm stärkere Achsen (140 mm stark) und werden auf der Linie Johanngeorgenstadt-Schwarzenberg verwendet. Im übrigen weicht die Konstruktion der Lokomotiven nicht von einander ab. Der äussere Radstand beträgt 2 m, der Treibraddurchmesser 810 mm. Die horizontalen Cylinder liegen aussen, haben einen Durchmesser von 260 mm und einen Kolbenhub von 400 mm. Die Rostfläche ist 0,58 qm, die Heizfläche 35,69 qm gross und zwar 3,20 qm im Feuerkasten und 32.49 qm in den 110 Rohren von 40 mm inneren und 45 mm äusseren Durchmesser. Der zulässig höchste Dampfüberdruck im Kessel ist auf 12 kg pro Quadratcentimeter normirt. Zu beiden Seiten des Kessels befinden sich die Wasser- und Kohlenbehälter, erstere von 2,15 cbm, letztere von 1,10 cbm Fassungsraum.

Die Lokomotiven sind mit Dampfläutewerk, Dampfrohr mit normaler Kuppelung zur direkten Wasserhebung und Wurfhebelbremse, welche mit 4 Klötzen auf die Hinter- (Treib-) Räder wirkt, versehen.

Die Anschaffungskosten betrugen 17 500 und 20 304 ℳ.

2. Personenwagen.

Die Personenwagen der normalspurigen Sekundärbahnen sind nach dem Interkommunikations-System erbaut und mit Plattformen an den Stirnseiten versehen. Der Wagenkasten hat eine Gesammtbreite von 3,1 m und auf der Decke in der ganzen Wagenlänge einen Aufbau mit seitlich angebrachten, drehbaren Fenstern.

Die grösseren Seitenfenster können — ebenso wie in den Schmalspur-Personenwagen — nur bis zur Hälfte geöffnet werden.

Die Beleuchtung erfolgt durch in die Stirnseiten eingefügte Lampen, während die Heizung in II. Klasse durch Briquettes, in III. Klasse theils durch Briquettes, theils durch Oefen erfolgt.

Die zweiachsigen Wagen haben radial verstellbare Achsen, bei den vierachsigen Wagen sind je 2 Achsen in einem Gestelle vereinigt, welches um einen Zapfen drehbar ist. Sämmtliche Wagen haben Bremsen.

Die an den Stirnseiten der Wagen angebrachten überdeckten Plattformen sind mit bequemen Auftritten versehen und seitlich durch bewegliche Eisenstangen abgeschlossen; sie bieten an jeder Seite für 5 Personen Stehplätze.

Die Wagen III. Klasse haben an den Langseiten angebrachte Sitzreihen und ausserdem noch eine doppelseitige, in der Längsachse des Wagens aufgestellte Sitzbank.

In der Abtheilung für II. Klasse, welche durch eine Scheidewand von der III. Klasse getrennt, ist einfache Kissenpolsterung für die Sitze und Rohrgeflecht für die Rücklehnen verwendet.

Die innere Eintheilung der Personenwagen ist verschieden. Die zweiachsigen Wagen mit Oberkasten von 7,645 m Länge und 4,7 oder 5,5 m Radstand enthalten entweder 10 Sitzplätze II. Klasse, 46 Sitzplätze III. Klasse und 10 Stehplätze, zusammen also 66 Plätze, oder 60 Sitzplätze III. Klasse und 10 Stehplätze, zusammen also 70 Plätze.

Das Eigengewicht eines Personenwagens II. und III. Klasse beträgt 5650 kg und eines Personenwagens III. Klasse nur 5400 kg.

Bei den vierachsigen Wagen mit einer Kastenlänge von 9,17 m beträgt der Radstand der Drehgestelle 1,3 m, die Drehzapfenentfernung 6,0 m und das Wagengewicht 7650 kg. Diese Wagen haben 10 Sitzplätze II. Klasse, 34 Sitzplätze III. Klasse, 5 Stehplätze auf jeder Plattform und zwischen den Abtheilungen

für II. und III. Klasse einen Gepäckraum, welcher auch zur Postbeförderung benutzt wird.

Ausserdem ist auf der Linie Pirna-Berggiesshübel ein lediglich für den Sommerverkehr dienender zweiachsiger Aussichtswagen in Verwendung. Derselbe hat einen Oberkasten von 9,6 m Länge und nur 2,75 m Breite, ohne Oberlichtaufbau, ist auf beiden Seiten in Fensterhöhe offen und nur mit Gardinen versehen, hat 6,0 m Radstand und ein Wagengewicht von 6250 kg. Dieser Wagen bietet 36 Plätze II. Klasse im Innern und 5 Stehplätze auf jeder Plattform. Die ungepolsterten Sitze sind an beiden Langseiten in Gruppen von je 4 Plätzen angeordnet, während in der Mitte ein Gang frei bleibt. Die beweglichen Rücklehnen gestatten den Reisenden, sich nach Belieben entweder vor- oder rückwärts zur Fahrtrichtung zu setzen.

c) Die wichtigsten Merkmale der Sekundärbahnlokomotiven.

	normalspurige Tenderlokomotiven	schmalspurige Tenderlokomotiven	Fairlie-Lokomotive		normalspurige Tenderlokomotiven	schmalspurige Tenderlokomotiven	Fairlie-Lokomotive
Gesammtlänge zwischen den Buffern . . . . . m	6,475 u. 6,520	7,63	9,20	Rostfläche . . . . . qm	0,58	0,66	1,16
Grösste Breite . . . . „	2,72	1,80	2,14	Gesammte Heizfläche . „	35,69	29,72	57,78
Achsen . . . . Anzahl	2	3	4	Siederohre . . . Anzahl	110	108	2 × 97
Hiervon sind gekuppelt „	2	3	2 × 2	Dampfdruck . . . Atm.	12,0	12,0	10,0
Radstand . . . . . m	2,0	1,8	5,688	Wasserraum . . . cbm	2,15	1,50	2,88
Treibraddurchmesser. mm	810	750	813	Kohlenraum . . . . „	1,10	0,60	1,10
Cylinderdurchmesser . „	260	240	216	Leergewicht . . . . t	14,25 u. 15,30	12,45	22,30
Kolbenhub . . . . „	400	380	355	Gewicht im Dienst . . „	18,76 u. 20,10	16,00	28,90
				Preis pro Stück . . . . ℳ	17500 u.20304	16891/18200	51771

d) Mittheilungen über Bestand, Leistungen, Verbrauch und Unterhaltungskosten der Transportmittel.

Bestand im November 1885.		Normalspurige Bahnen		Schmalspurige Bahnen		Durchschnittsergebnisse aus der Gesammtheit der Staatsbahnen
		Pirna-Berggiesshübel	Johanngst.-Schwarzenberg	Wilkau-Saupersdorf	Hainsberg-Kipsdorf	
Lokomotiven:				Anzahl:		
Tenderlokomotiven { mit 2 Achsen		2	2	—	—	—
„ 3 „		—	—	2	2	—
„ 4 „ (Fairlie)		—	—	—	1	—
zusammen . . .		2	2	2	3	—
Pro Kilometer Bahnlänge		0,13	0,12	0,20	0,12	0,33
Lokomotiven { mit 2 Treibachsen		2	2	—	—	—
„ 3 „		—	—	2	2	—
„ 2 × 2 „		—	—	—	1	—
Personenwagen:						
Wagen { mit 2 Achsen		4	3	8	21	—
„ 4 „		1	—	—	2	—
zusammen . . .		5	3	8	23	—
Achsenzahl { überhaupt		12	6	16	50	—
pro Kilometer Bahnlänge		0,80	0,35	1,59	1,94	2,07
Plätze { II. Klasse { Innenraum		66	30	18	70	—
Plattform		25	10	9	30	—
III. „ { Innenraum		186	106	110	335	—
Plattform		25	15	33	84	—
zusammen . . .		302	161	170	519	—
pro Kilometer Bahnlänge		20,24	9,29	16,92	20,16	37,55
pro Achse		25,167	26,833	10,625	10,380	18,132
Wagengewicht { überhaupt . . . . Tonnen		30,48	16,75	20,13	58,98	—
pro Achse „		2,54	2,79	1,26	1,18	3,82
„ Platz „		0,10	0,10	0,12	0,11	0,21
Wagen mit Bremsvorrichtung		5	3	7	17	—

3*

Bestand im November 1885.	Normalspurige Bahnen		Schmalspurige Bahnen		Durchschnitts-ergebnisse der Gesammtheit der Staatsbahnen
	Pirna-Berggiess-hübel	Johanngst.-Schwarzen-berg	Wilkau-Saupers-dorf	Hainsberg-Kipsdorf	
	Anzahl:				
Bedeckte Güterwagen:					
Wagen mit 2 Achsen	—	—	8	14	
Achsenzahl { überhaupt	—	—	16	28	—
{ pro Kilometer Bahnlänge	—	—	1,59	1,09	6,80
Wagengewicht { überhaupt . . . Tonnen	—	—	17,63	33,40	—
{ pro Achse . . „	—	—	1,10	1,19	2,86
Wagen mit Bremsvorrichtung	—	—	7	14	
Offene Güterwagen:					
Wagen { mit 2 Achsen	—	—	35	52	—
{ „ 4 „	—	—	2	—	
zusammen	—	—	37	52	—
Achsenzahl { überhaupt	—	—	78	104	
{ pro Kilometer Bahnlänge	—	—	7,76	4,04	11,71
Wagengewicht { überhaupt . . . Tonnen	—	—	79,59	113,48	—
{ pro Achse . . „	—	—	1,02	1,09	2,44
Wagen mit Bremsvorrichtung	—	—	17	39	
Güterwagen überhaupt:					
	—	—	45	66	
Achsenzahl { überhaupt	—	—	94	132	—
{ pro Kilometer Bahnlänge	—	—	9,35	5,13	18,51
Wagengewicht { überhaupt . . . Tonnen	—	—	97,22	146,88	—
{ pro Achse . . „	—	—	1,03	1,11	2,57
Tragfähigkeit { der bedeckten Wagen . . „	—	—	40,0	70,0	—
{ „ offenen „ . . „	—	—	190,0	260,0	—
{ zusammen . . „	—	—	230,0	330,0	—
{ pro Kilometer Bahnlänge . . „	—	—	22,89	12,82	78,54
{ „ Achse . . „	—	—	2,45	2,56	4,24

Leistungen im Jahre 1884					
der Lokomotiven					
vor Personenzügen . . km	179	—	3	1 217	—
„ gemischten Zügen } einschliesslich der Extrazüge { „	37 697	50 568	33 257	63 586	—
„ Güterzügen { „	—	9	747	98	—
„ Material- und Arbeitszügen . . „	294				
zusammen . . Zugkm	38 170	50 577	34 007	64 901	—
als Vorlegelokomotive . . km	15	35	—	—	—
zusammen . . Nutzkm	38 185	50 612	34 007	64 901	—
in Leerfahrten . . km	1 718	265	156	870	—
zusammen . . Lokomotivkm	39 903	50 877	34 163	65 771	—
im Rangirdienste (1 Stunde = 10 km Fahrt) . . km	9 290	13 240	7 440	2 990	—
zusammen . . Lokomotiv- und Rangirkm	49 193	64 117	41 603	68 761	—
im Reservedienste . . Stunden	44	—	14	29	—
Lokomotivkilometer { pro Kilometer Bahnlänge	2 674	2 936	3 399	2 555	8 266
{ „ Lokomotive	19 952	25 439	17 082	21 924	23 926
Anzahl der Wagen-achsen in den { Personenzügen . . Achsen	9,91	—	4,33	12,39	22,80
{ Güterzügen . . „	—	11,00	6,45	10,88	62,58
{ gemischten Zügen . . „	15,57	9,57	19,63	18,87	23,72
{ Material- u. Arbeitszügen . . „	21,39	—	—	—	22,37
{ Zügen überhaupt . . „	15,59	9,57	19,34	18,74	38,03
der Wagen:					
Personenwagen . . Achskm	218 821	169 954	310 880	658 438	—
„ für die Post . . „	7 296	24 403	—	89	—
Postwagen . . „	—	1 496	—	127 608	—
Güterwagen . . „	362 770	288 173	305 672	429 158	—
„ für die Post . . „	—	—	40 992	646	—
„ in Material- und Arbeitszügen . . „	6 288	—	—	—	—
zusammen . . Achskm	595 175	484 026	657 544	1 215 939	—
und zwar:					
Personenwagen . . „	226 117	194 357	310 880	658 527	—
bedeckte Güterwagen einschliesslich Postwagen . . „	62 798	184 402	173 123	342 172	—
offene Güterwagen . . „	306 260	105 267	173 541	215 240	—
Verhältniss der Personen- zu den Güter- und Postwagen-Achskilometern	1 : 1,63	1 : 1,49	1 : 1,12	1 : 0,85	1 : 3,65
Pro Kilometer Bahnlänge:					
Personen- { Wagenachskilometer	15 155	11 215	30 933	25 584	63 083
Güter- {	24 736	16 715	34 494	21 655	225 212
Gesammt- {	39 891	27 930	65 427	47 239	288 295
Wagenachskilometer pro Lokomotivnutzkilometer	15,59	9,56	19,34	18,74	36,42
Durchschnittl. Leistung jeder eigenen Personenwagenachse km	18 843	32 393	19 430	13 171	29 381
Personen pro bewegte Personenwagenachse . . Anzahl	5,39	5,76	3,00	3,88	4,28
Anzahl der benutzten Plätze in Prozenten der bewegten Plätze	21,42	21,47	28,24	37,38	23,60
Durchschnittl. Leistung jeder eigenen Güterwagenachse km	—	—	3 688	4 223	11 486
Durchschnittliche Belastung der bewegten Güterwagen:					
mit Tonnen pro Achse . .	2,24	2,00	0,85	0,94	1,81
in Prozente der Tragfähigkeit . .	52,83	47,17	34,69	37,60	42,69

Verbrauch im Jahre 1884		Normalspurige Bahnen		Schmalspurige Bahnen		Durchschnittsergebnisse der Gesammtheit der Staatsbahnen
		Pirna-Berggiesshübel	Johanngst.-Schwarzenberg	Wilkau-Saupersdorf	Hainsberg-Kipsdorf	
durch die Lokomotiven:						
Feuerungsmaterial:						
Holz zur Anfeuerung — überhaupt	cbm	3,00	3,80	9,45	12,66	—
pro Lokomotivkilometer	"	0,000075	0,000075	0,000277	0,000192	0,000100
" Lokomotiv- u. Rangirkilom.	"	0,000061	0,000059	0,000227	0,000184	0,000072
" Nutzkilometer	"	0,000079	0,000075	0,000278	0,000195	0,000105
Steinkohlen — überhaupt	t	279,05*)	416,35	219,75	441,55	—
pro Lokomotivkilometer	kg	6,993	8,183	6,432	6,713	11,429
" Lokomotiv- und Rangirkilometer	"	5,673	6,494	5,282	6,422	8,259
" Nutzkilometer	"	7,308	8,226	6,462	6,803	11,990
" Wagenachskilometer	"	0,469	0,860	0,334	0,363	0,329
Brennmaterialienkosten — überhaupt	M.	2 579,32	3 852,40	2 054,56	4 108,51	—
pro Lokomotivkilometer	₰	6,464	7,572	6,014	6,247	10,464
" Lokomotiv- u. Rangirkilometer	"	5,243	6,008	4,938	5,975	7,562
" Nutzkilometer	"	6,755	7,612	6,042	6,330	10,978
" Wagenachskilometer	"	0,4334	0,7959	0,3125	0,3379	0,3015
Durchschnittspreis — pro Kubikmeter Holz	M.	2,87	2,85	2,86	2,86	2,85
" Tonne Steinkohlen	"	9,22	9,23	9,23	9,22	9,21
" " Braunkohlen	"	4,94	—	—	—	4,92
" Kohlen, red. auf Steink.	"	9,21	9,23	9,23	9,22	9,13
Schmiermaterial:						
Material — überhaupt	kg	578,69	873,75	224,15	1 187,00	—
pro Lokomotivkilometer	"	0,0145	0,0172	0,0066	0,0180	0,0159
" Lokomotiv- und Rangirkilometer	"	0,0118	0,0136	0,0054	0,0173	0,0115
" Nutzkilometer	"	0,0152	0,0173	0,0066	0,0183	0,0167
" Wagenachskilometer	"	0,000972	0,001805	0,000341	0,000976	0,000457
Geldwerth — überhaupt	M.	273,71	412,55	96,15	373,78	—
pro Lokomotivkilometer	₰	0,686	0,811	0,281	0,568	0,704
" Lokomotiv- und Rangirkilometer	"	0,556	0,643	0,231	0,544	0,509
" Nutzkilometer	"	0,717	0,815	0,283	0,576	0,739
" Wagenachskilometer	"	0,0460	0,0852	0,0146	0,0367	0,0203
durch die Wagen:						
Schmiermaterial — überhaupt	kg	135,02	109,80	118,45	582,00	—
pro Wagenachskilometer	"	0,000227	0,000227	0,000180	0,000479	0,000227
Geldwerth — überhaupt	M.	41,29	33,43	35,66	181,40	—
pro Wagenachskilometer	₰	0,00694	0,00691	0,00542	0,01492	0,00625
durch die Züge:						
Beleuchtungskosten — überhaupt	M.	147,11	191,78	123,76	193,73	—
pro Zugkilometer	₰	0,385	0,379	0,364	0,299	0,648
Heizungskosten — überhaupt	M.	155,10	170,69	—**)	144,56	—
pro Personenwagen-Achskilometer	₰	0,0686	0,0878	—	0,0220	0,0150

Unterhaltungskosten im Jahre 1884		Normalspurige Bahnen		Schmalspurige Bahnen		Durchschnittsergebnisse der Gesammtheit der Staatsbahnen
		Pirna-Berggiesshübel	Johanngst.-Schwarzenberg	Wilkau-Saupersdorf	Hainsberg-Kipsdorf	
der Lokomotiven	M.	1 172,56	4 306,81	2 001,79	5 082,36	—
Durchschnittlich pro Lokomotive	"	586,28	2 153,41	1 000,90	1 694,12	2 620,30
Lokomotivkilometer	₰	2,939	8,465	5,800	7,727	10,952
Lokomotiv- und Rangirkilometer	"	2,384	6,717	4,812	7,391	7,920
Nutzkilometer	"	3,071	8,509	5,886	7,831	11,496
Wagenachskilometer		0,1970	0,8898	0,3044	0,4180	0,3150
der Personenwagen	M.	1 414,23	704,84	696,58	1 197,42	—
Durchschnittlich pro Personenwagenachse	"	117,85	117,47	43,54	23,95	144,47
Platz	"	4,68	4,38	4,10	2,31	7,97
Personen-Wagenachskilometer	₰	0,6254	0,3627	0,2241	0,1818	0,4917
der Güterwagen	M.	769,23†	603,76†	1 579,10	2 213,29	—
Durchschnittlich pro Güterwagenachse	"	—	—	16,80	16,77	31,06
5 t Tragfähigkeit	"	—	—	34,33	33,53	36,59
Güter-Wagenachskilometer	₰	0,2084	0,2084	0,4555	0,3971	0,2704

e) Die Lastenbewegung im Jahre 1884.

Ein wichtiges Ergebniss im Eisenbahnbetriebe bildet die Zusammenwirkung der sogenannten todten Last mit der Nutzlast. Hierüber werden in folgendem einige Nachweise gegeben.

---

*) Einschliesslich 5,50 t Braunkohlen = 3,30 t Steinkohlen.

**) Die Heizung der Wagen erfolgte erst vom Jahre 1885 ab.

†) Reparaturkostenantheile für die benutzten Hauptbahnwagen.

Die bewegte Bruttolast betrug in Tonnenkilometern

	auf den Linien				Durchschnitts-ergebniss der Staatsbahnen überhaupt
	Pirna-Berggiess-hübel	Johann-georgenstadt-Schwarzen-berg	Wilkau-Saupersdorf	Hainsberg-Kipsdorf	
a) überhaupt: exkl. Lokomotivgewicht	2 415 241	1 977 039	1 089 525	2 013 955	—
b) inkl. Lokomotivgewicht	3 101 972	2 920 807	1 586 938	2 971 581	—
durchschnittlich von b: pro Kilometer Bahnlänge	207 907	168 541	157 904	115 446	1 663 141
pro Nutzkilometer	81,24	57,71	46,67	45,79	210,37

Mit Ausschluss des Lokomotivgewichts berechnen sich die Zuggewichte durchschnittlich auf jedes Kilometer Bahnlänge wie folgt:

bei	auf eine Länge von Kilometern	an Taralast				an Nutzlast			Lasten über-haupt
		der Per-sonen-wagen	der Güterwagen		zusammen Taralast	der Per-sonen	der Güter	zusam-men Nutzlast	
			bedeckte	offene					
					Tonnen				
Pirna-Berggiesshübel	14,92	38 494	12 038	50 085	100 617	5 933	55 329	61 262	161 879
Johanngeorgenstadt-Schwarzenberg .	17,33	31 290	30 432	14 821	76 543	4 239	33 300	37 539	114 082
Wilkau-Saupersdorf	10,05	38 976	18 949	17 613	75 538	6 955	25 917	32 872	108 410
Hainsberg-Kipsdorf	25,74	30 189	15 819	9 115	55 123	7 441	15 679	23 120	78 243
Gesammtdurchschnitt der Staatsbahnen	2 182,92	244 968	341 242	274 349	860 559	20 174	391 117	411 291	1 271 850

Zur Beurtheilung des Mischungsverhältnisses der einzelnen Zuggewichte ist der Werth der vorstehenden absoluten Zahlen in Prozenten ausgedrückt und in einem Graphikon veranschaulicht. Es betrug:

bei	Taralast:				Nutzlast:		
	der Per-sonen-wagen	der Güter-wagen		über-haupt	der Per-sonen	der Güter	über-haupt
		be-deckte	of-fene				
		Prozente					
Pirna - Berggiess-hübel	23,78	7,44	30,94	62,16	3,66	34,18	37,84
		38,38					
Johanngeorgen-stadt-Schwarzen-berg	27,43	26,67	12,99	67,09	3,72	29,19	32,91
		39,66					
Wilkau - Saupers-dorf	35,95	17,48	16,25	69,68	6,41	23,91	30,32
		33,73					
Hainsberg - Kips-dorf	38,58	20,22	11,65	70,45	9,51	20,04	29,55
		31,87					
Gesammtdurch-schnitt der Staatsbahnen . .	19,26	26,83	21,57	67,66	1,59	30,75	32,34
		48,40					

Das Verhältniss des durchschnittlichen Kohlenverbrauchs zur Lastenbewegung ist folgendes:

Kohlenverbrauch pro 1 Tonne		Pirna-Berg-giesshübel	Johanngeor-genstadt-Schwarzenberg	Wilkau-Saupersdorf	Hainsberg-Kipsdorf	Staatsbahnen überhaupt
Brutto-last	inkl. Lokomotiv-gewicht . . kg	0,090	0,143	0,138	0,149	0,057
	exkl. Lokomotiv-gewicht . . kg	0,116	0,211	0,202	0,219	0,075
Nutzlast . . . . "		0,305	0,640	0,665	0,742	0,230

Die Lastenbewegung über jeden Punkt der Bahn
im Jahre 1884
in Prozenten.

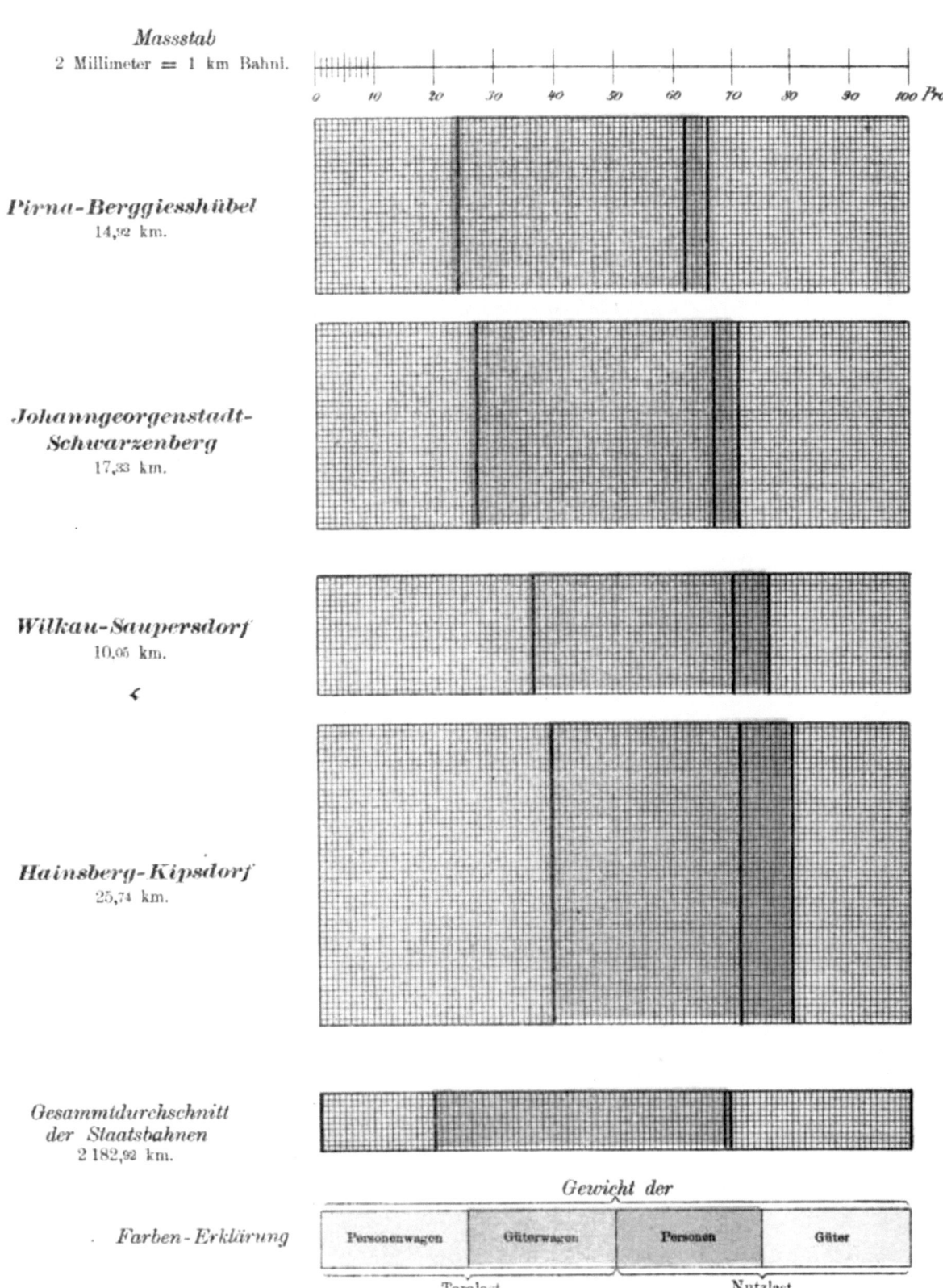

Massstab
2 Millimeter = 1 km Bahnl.

0   10   20   30   40   50   60   70   80   90   100 *Proz.*

Pirna-Berggiesshübel
14,92 km.

Johanngeorgenstadt-Schwarzenberg
17,33 km.

Wilkau-Saupersdorf
10,05 km.

Hainsberg-Kipsdorf
25,74 km.

Gesammtdurchschnitt der Staatsbahnen
2 182,92 km.

Gewicht der

Farben-Erklärung

Personenwagen	Güterwagen	Personen	Güter

Taralast   Nutzlast

Tender - Locomotive für Schmalspurbahnen.

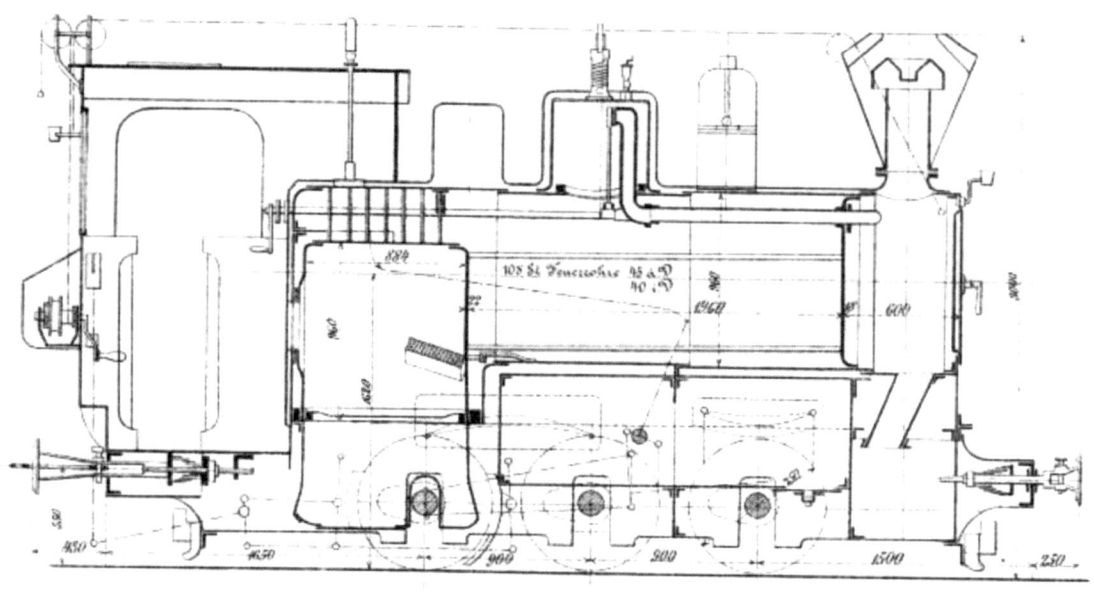

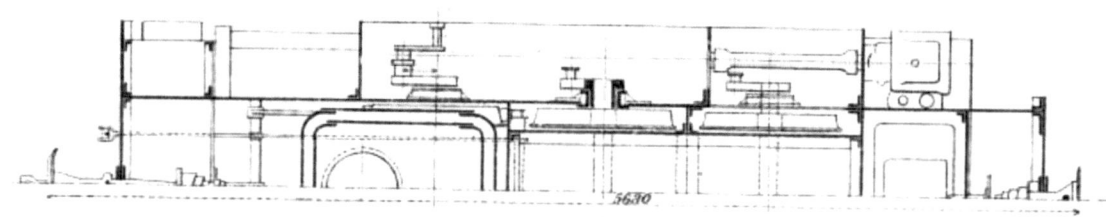

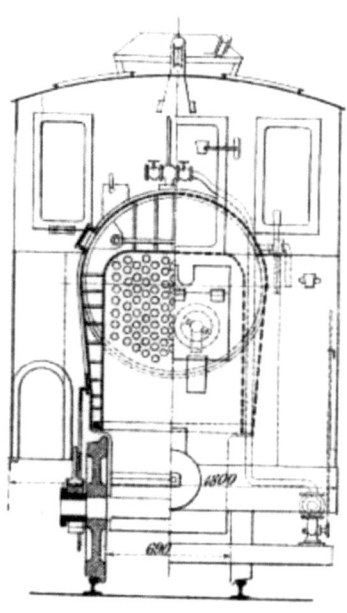

Rostfläche		0,66 qm
Heizfläche der Feuerbüchse		3,11 „
„ „ „ Rohre		26,61 „
Gesammtheizfläche		29,72 „
Dampfüberdruck		12 kg pro qcm
Zugkraft		2100 kg
Kohlenraum		0,6 cbm
Cisternenraum		1,5 „
Cylinderdurchmesser		240 mm
Kolben-Hub		380 „

Gewichte.	leer	betriebsfähig
vorder.	3670	5360
mittel.	4390	5320
hint. Achse	4390	5320
Zusammen	12450	16000 kg.

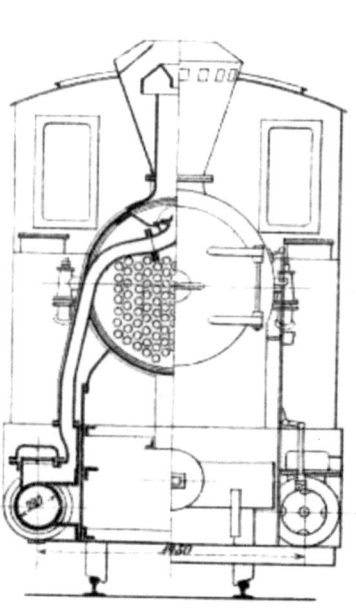

Tender-Locomotive (System Fairlie) für Schmalspurbahnen

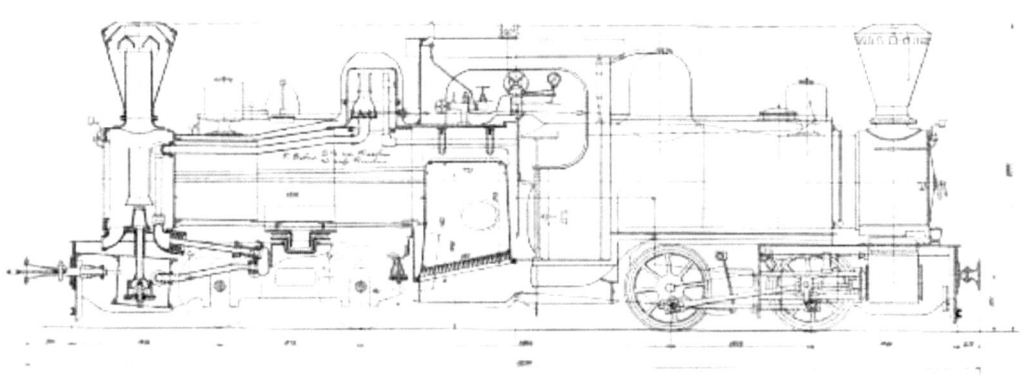

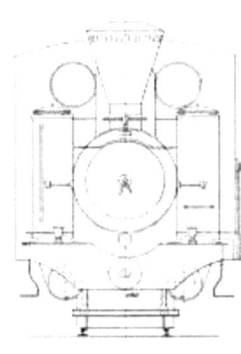

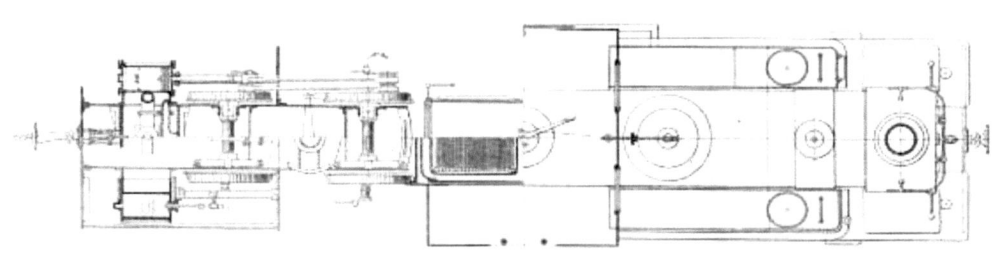

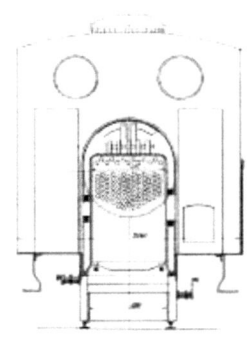

			Gewicht	leer	betriebsfähig
Rostfläche	1 qm	Kohlenraum	950 kg			
Heizfläche d. Feuerbüchsen	3 qm	Cisternenraum	1,65 cbm			
Oberfläche der Rohre	34 qm	Cylinderdurchmesser	216 mm	Pro Achse	5875	7225 kg
Gesammt-Oberfläche	37 qm	Kolbenhub	355 mm	Gesammtgewicht	23500	29900 kg
Dampfdruck	kg pro qcm	Triebraddurchmesser	813 mm			
Zugkraft	2900 kg					

Fig. 1

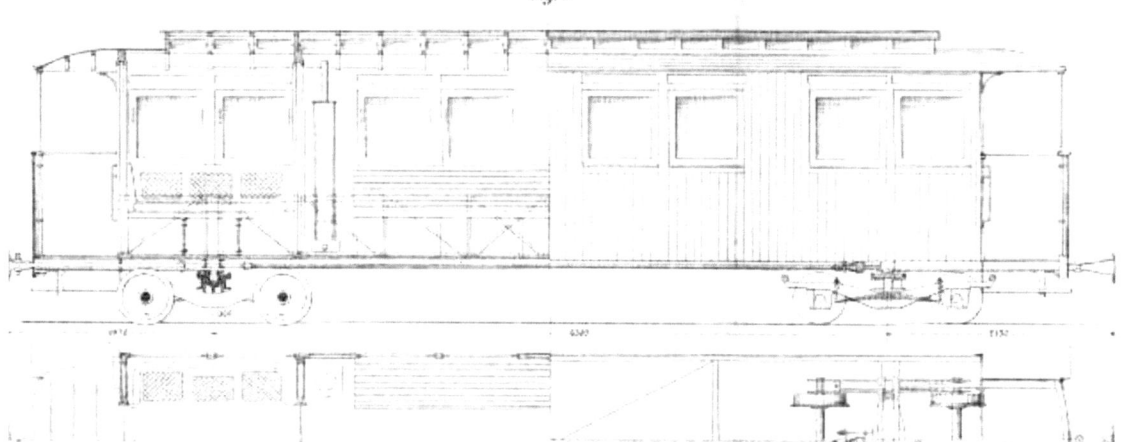

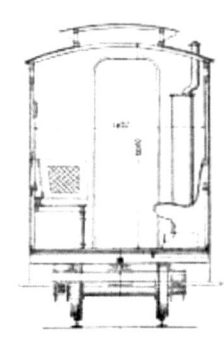

4 achs. Personenwagen.
Gewicht des Wagens = 4750 kg.
Fassungsraum:
&IM. I. Cl.
&IM. II. Cl.
6 Personenschpl.
= 50 Plätze.

Fig. 2

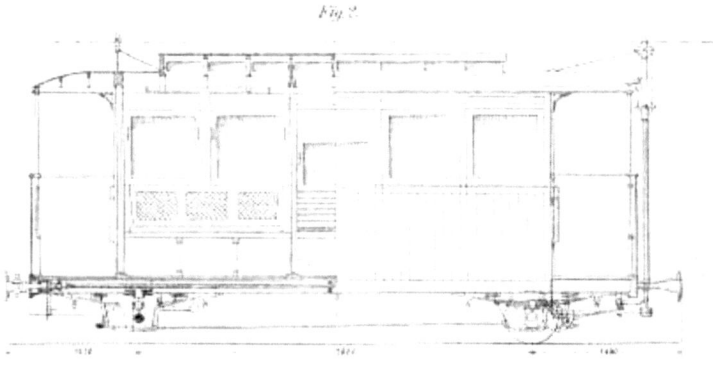

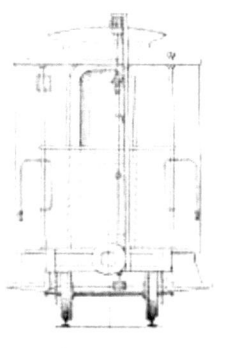

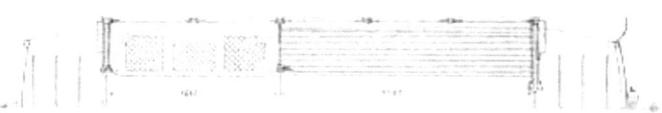

2 achs. Personenwagen.
Gewicht des Wagens = 2575 kg.
Fassungsraum:
&IM. I. Cl.
48 II. II. Cl.
6 Personenschpl.
= 22 Plätze.

Maaßstab 1/40 der nat. Größe.

Fig. 1.

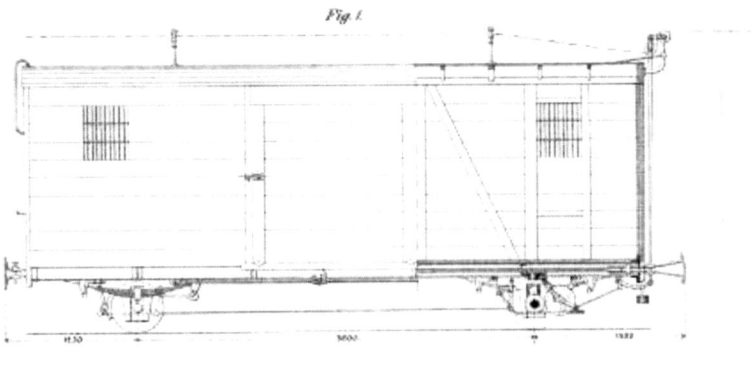

Bedeckter Güterwagen:
Wagengewicht: 2600 kg.
Ladegewicht: 5000 kg.
Bodenfläche: 9.0 qm.
Kubik-Inhalt: 15.75 cbm.

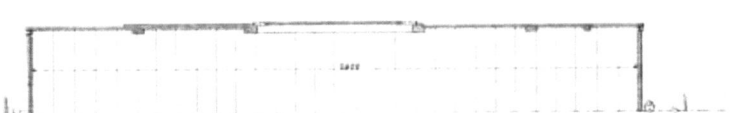

Fig. 2.

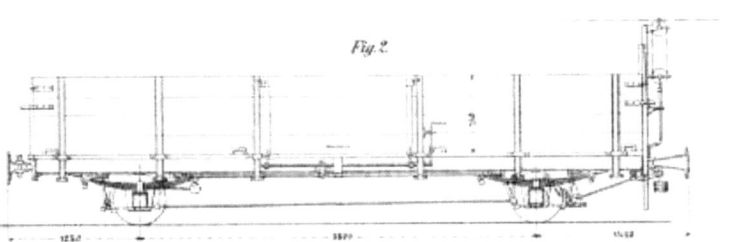

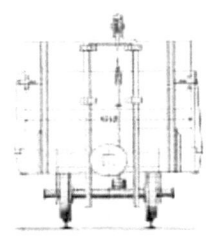

Offner Güterwagen:
Wagengewicht: 2575 kg.
Ladegewicht: 5000 kg.
Bodenfläche: 9.3 qm.
Kubik-Inhalt: 6.98 cbm.

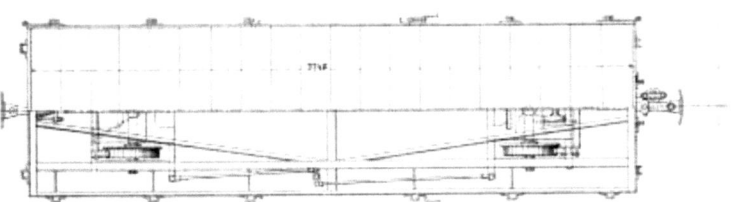

Maassstab 1/40 der nat. Grösse.

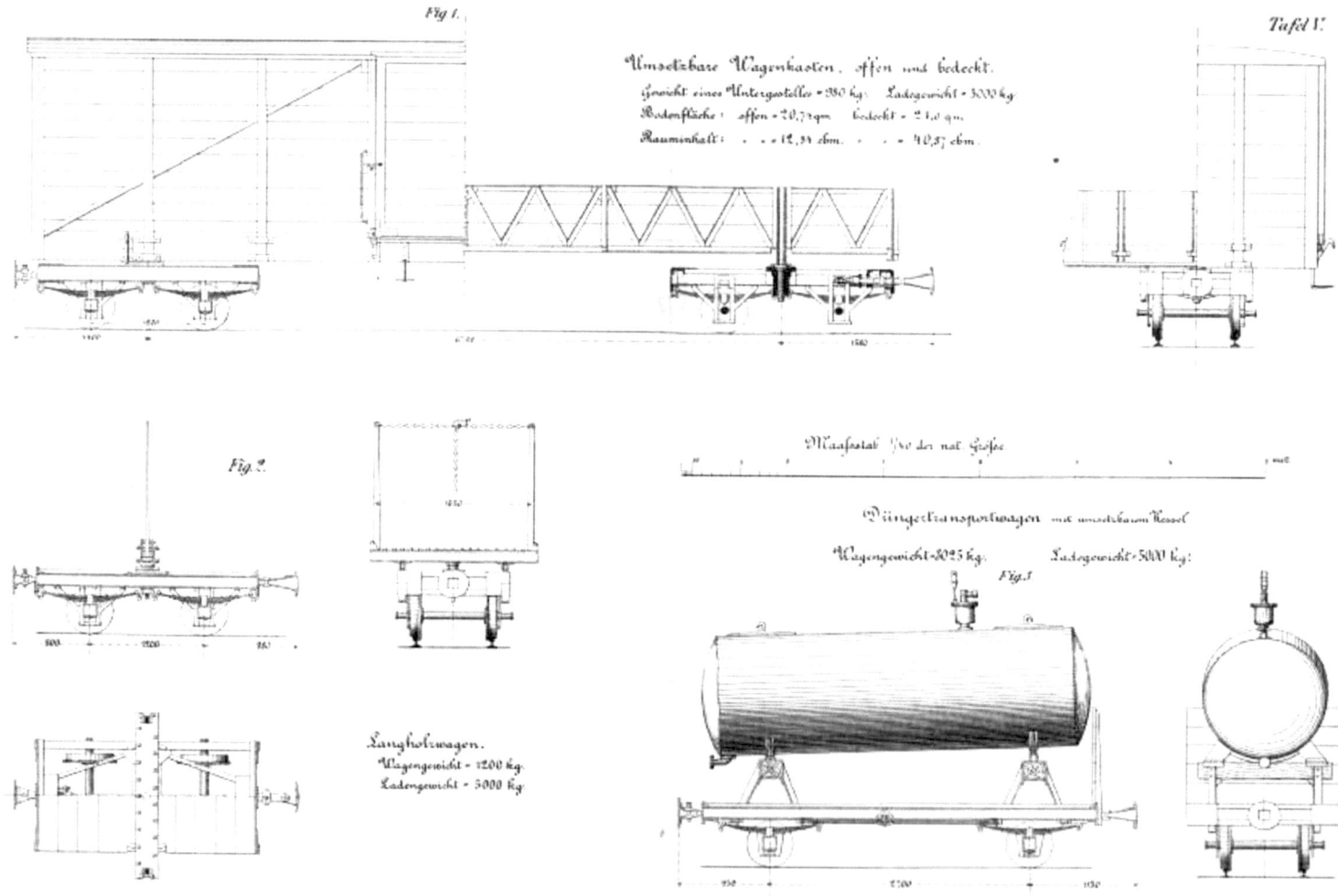

Fig 1.

Tafel V.

Umsetzbare Wagenkasten, offen und bedeckt.

Gewicht eines Untergestelles = 980 kg.   Ladegewicht = 3000 kg.
Bodenfläche: offen = 20,72 qm.   bedeckt = 21,0 qm.
Rauminhalt: . . = 12,34 cbm.   . . = 40,57 cbm.

Maasstab 1/40 der nat. Grösse.

Fig. 2.

Langholzwagen.
Wagengewicht = 1200 kg.
Ladegewicht = 5000 kg.

Düngertransportwagen mit umsetzbarem Kessel.
Wagengewicht = 2025 kg.   Ladegewicht = 5000 kg.

Fig. 3.

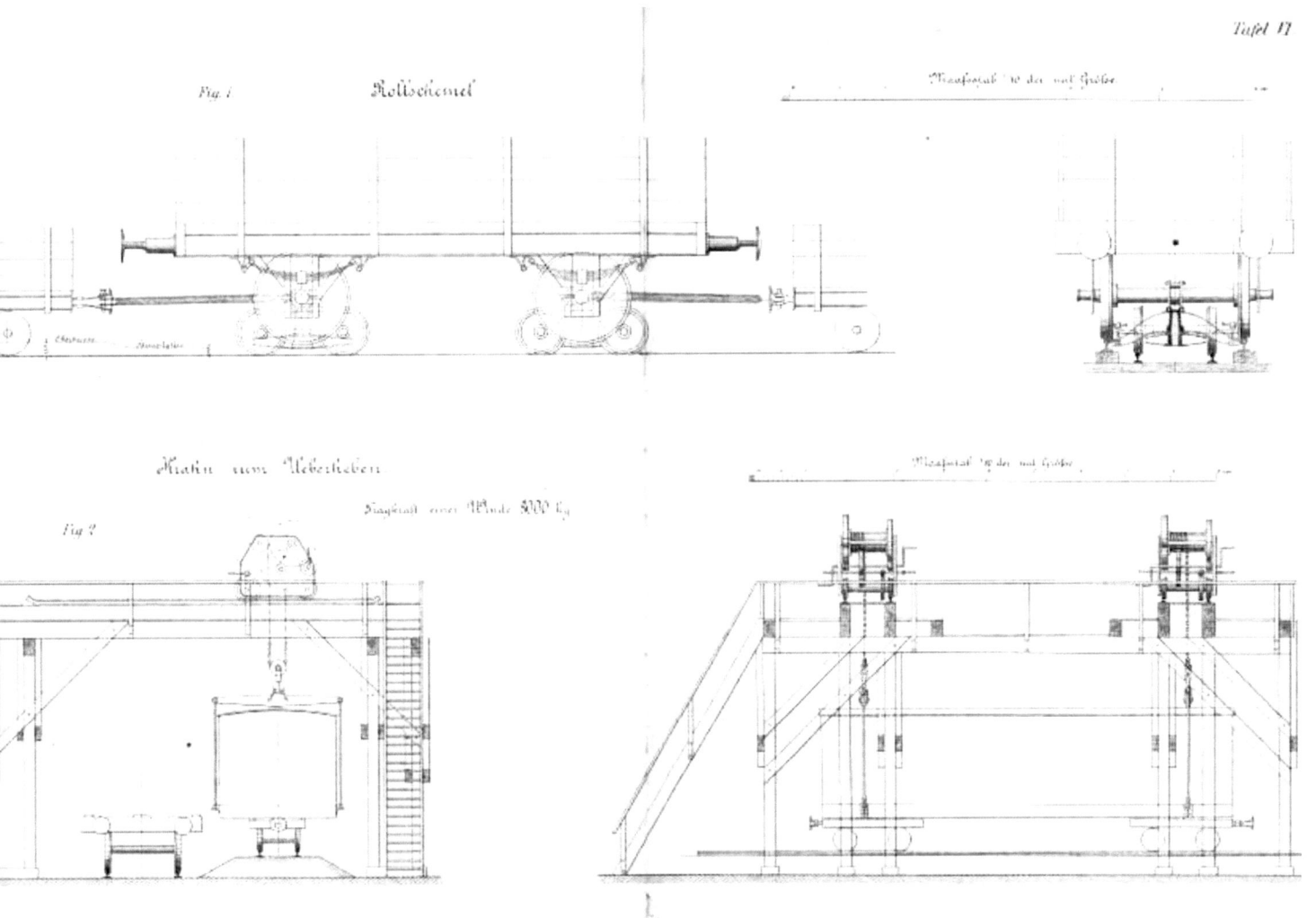

Fig. 1   Rollschemel

Maaßstab 1/10 der nat. Größe

Kran zum Ueberheben

Tragkraft einer Winde 5000 kg

Fig. 2

Maaßstab 1/10 der nat. Größe

V. Administrative Organisation der Sächsischen Sekundärbahnen.

Wie beim Bau so waren auch bei der administrativen Einrichtung der Sächsischen Sekundärbahnen vor allem die Rücksichten der Sparsamkeit massgebend. Dies zeigt sich nicht nur in den Verkehrseinrichtungen, welche — wie beispielsweise der Fahrplan, das Billetwesen und die Wagenklassen-Abstufung — vorzugsweise dem Publikum gegenüber zur Erscheinung kommen, sondern auch im internen Dienst, wo sowohl bezüglich des Beamtenetats, als auch rücksichtlich des Expedirungswesens von vornherein ganz erhebliche Reduktionen und Vereinfachungen stattgefunden haben.

a) Organisation im allgemeinen.

Die Organisation des Dienstes im allgemeinen weicht vielfach von den bei den Staatseisenbahnen sonst bestehenden Einrichtungen ab. So ist zunächst die unmittelbare Betriebsleitung der Sekundärbahnen im eigentlichen Sinne — d. h. also der Linien Pirna-Berggiesshübel, Schwarzenberg-Johanngeorgenstadt und der im Betriebe befindlichen sechs Schmalspurbahnen — von derjenigen der übrigen Staatsbahnlinien getrennt worden. Denn während bei den Linien mit normalem Betriebe meist schon infolge ihrer räumlichen Ausdehnung sowie der grösseren Komplizirtheit der Verkehrsgestaltung die scharfe Abgrenzung der einzelnen Betriebsbranchen nicht zu umgehen ist, erschien bei den Sekundärbahnen die thunlichste Konzentration der einzelnen Dienstzweige aus geschäftlichen und wirthschaftlichen Gründen gleich wünschenswerth. Dabei war in erster Reihe der Gedanke massgebend, dass bei den Sekundärbahnen die strenge Individualisirung der Betriebsmanipulationen nach den lokalen Verhältnissen und Erfordernissen unbedingt nothwendig sei. Diese Individualisirung kann aber nur dann erreicht werden, wenn demjenigen Organe, dem die Betriebsleitung in erster Linie zusteht, eine gewisse Freiheit und Selbständigkeit in seinen Massnahmen gewahrt bleibt. Gerade bei den Sekundärbahnen, wo es gilt, mit möglichst wenig Mitteln möglichst viel zu erreichen, muss die Thätigkeit des Betriebsleiters einen vorzugsweise kombinirenden, ausgleichenden Charakter haben, denn es ist seine Aufgabe, den stetig wechselnden Bedürfnissen der einzelnen Verkehrszweige durch eine möglichst umsichtige, dem konkreten Fall angepasste Vertheilung der vorhandenen Arbeits- und Betriebsmittel zu entsprechen, und durch die Schnelligkeit und Zweckmässigkeit seiner Dispositionen im einzelnen Falle die beschränkte ökonomische und betriebliche Ausrüstung der Bahn thunlichst vergessen zu lassen.

Von diesen Gesichtspunkten aus erschien es aber zweckmässig, den vielgliedrigen Verwaltungsorganismus, der für das ausgedehnte und verkehrsreiche Hauptbahnnetz des Königreichs Sachsen besteht, auf die Linien der neuen Gattung keine Anwendung finden zu lassen und denselben namentlich auch in Beziehung auf den sonst vorgeschriebenen Instanzzug eine exemte Stellung einzuräumen. Infolge dessen ist die Verwaltung einer jeden Sekundärlinie einem Beamten — dem Bahnverwalter — übertragen worden, der unmittelbar der Generaldirektion der Staatseisenbahnen unterstellt ist und die gesammte Exekutive des Dienstes unter eigener Vertretung wahrzunehmen hat. Diese Kombinirung erstreckt sich indess nur auf die rein exekutiven Seiten des Betriebs, also vorzugsweise auf das Transport- und Stationswesen, sowie auf die Leitung der Bahnunterhaltung, während dagegen die Funktionen der Kontrolverwaltung sowie die in das Bereich der Buchhalterei, des Verkehrsbüreaus und der Hauptkasse einschlagenden Geschäfte auch rücksichtlich der Sekundärbahnen von den hierzu überhaupt berufenen Ressortverwaltungsstellen wahrzunehmen sind.[*] Danach hat der Bahnverwalter in seiner Eigenschaft als Betriebsleiter der Sekundärbahn im wesentlichen dieselben Geschäfte zu besorgen, wie solche bezüglich der Sächsischen Hauptbahnlinien den Betriebs-Oberinspektionen, den Ingenieurbüreaus und bez. der Transport-Oberinspektion zufallen. Er hat nicht nur die dienstliche Aufsicht über das an der Sekundärbahn angestellte Stations-, Fahr- und Bahnbewachungs-Personal zu führen, sondern namentlich auch das gesammte Transportwesen zu leiten und zu diesem Behufe auch alle auf das Wagenwesen bezüglichen Dispositionen zu treffen.

Im Maschinenwesen ist dem Bahnverwalter gleichfalls in erster Instanz und zwar sowohl in technischer als auch in disziplineller Beziehung die dienstliche Aufsicht übertragen. Da ihm indess in wichtigeren Fällen die erforderliche Fachkenntniss in der Regel mangeln wird, so ist er angewiesen, sich in allen solchen Angelegenheiten mit der Maschinen-Oberinspektion der Hauptbahnen, bezw. was die Unterhaltung der Transportmittel anlangt, mit der in Chemnitz befindlichen Maschinen-Hauptverwaltung ins Einvernehmen zu setzen und von dort aus die erforderlichen Anweisungen einzuholen. Auch werden dem Bahnverwalter alle auf das Maschinen- und Wagenwesen bezüglichen Instruktionen und Verfügungen allgemeiner Natur von der Maschinen-Oberinspektion zugefertigt, worauf alsdann die Anweisung und Verständigung des Maschinenpersonals der Sekundärbahn durch den Bahnverwalter, als dessen nächsten dienstlichen Vorgesetzten, erfolgt. Ebenso gelten auch die allgemeinen Vorschriften wegen der periodischen Revision der Transportmittel für die Maschinen und Wagen der Sekundärbahnen; diese Revisionen werden von den hierzu überhaupt berufenen technischen Organen vorgenommen.

Für die Stellung der Bahnverwalter wird neben technischer Befähigung eine gründliche Ausbildung im Betriebsdienste erfordert. Sie beziehen ein Einkommen, das sich — einschliesslich des Reiseaufwandäquivalentes und des Bekleidungsgeldes — je nach den Dienstalterssttufen zwischen 2650 und 3200 $\mathcal{M}$. bewegt und rangiren in der 9. Bekleidungsklasse der Sächsischen Staats-Eisenbahnbeamten (mit Stationsvorständen II.—IV. Klasse, Billeteuren, Eisenbahnassistenten I. Klasse, Oberschaffnern I. Klasse u. s. w.).

---

[*] Anmerkung.

Das Kontrolbüreau der Sächsischen Staatsbahnen prüft die von den Billet- und Gepäckexpeditionen erhobenen Gebühren nach Massgabe der Tarife und bearbeitet die Unterlage für die Jahresrechnung betreffs der Einnahmen aus dem Personen- und Güterverkehr.

Das Verkehrsbüreau bearbeitet die Gütertarife, führt die allgemeine Aufsicht über die Bedienung des Güterverkehrs und erörtert diesbezügliche Beschwerden und Reklamationen.

Die Hauptbuchhalterei führt Buch und Rechnung über den gesammten Betrieb der Staatsbahnen, prüft alle Ausgaben vor deren Zahlung auf ihre rechnerische und verfassungsmässige Richtigkeit und kontrolirt die Einhaltung der auf Einhebung und Zahlung von Geldern bezüglichen Anweisungen.

Die Hauptkasse hat den gesammten Geldverkehr der Staatseisenbahnen zu besorgen. In sie fliessen alle Einnahmen aus dem Güter-, Personen- und Gepäckverkehr, aus Veräusserungen u. s. w.; ebenso werden aus derselben alle Ausgaben bestritten.

b) Stationsdienst.

Der Stationsdienst der Sekundärbahnen wird nur auf den wichtigeren Verkehrsstellen durch besondere Stationsbeamte besorgt, auf den minder frequenten Haltestellen dagegen — soweit dies im einzelnen Fall angängig — durch Privatpersonen.

Auf der wichtigsten Station — und zwar ist dies in der Regel zugleich diejenige, von welcher der Betrieb der Sekundärbahn ausgeht — wird der Dienst vom Bahnverwalter versehen, welcher insofern neben seiner Stellung als Betriebsleiter auch die Funktion des Stationsvorstandes wahrzunehmen hat. Er untersteht in dieser Eigenschaft allen Vorschriften und Bestimmungen, die für den Stationsdienst im allgemeinen erlassen sind und ist namentlich auch, was das Buchungswesen, die Stations-Kassenführung und die Materialverwaltung betrifft, an die allgemeinen Instruktionen gebunden. Dabei sind ihm zu seiner Unterstützung bezw. Vertretung je nach Bedarf eine oder zwei Hilfskräfte — Diätisten oder Expeditionshilfsarbeiter ohne Beamtenqualität — beigegeben, die unter seiner Leitung und Verantwortlichkeit die speziellen Geschäfte des Personen- und Güterwesens besorgen.

Auf den übrigen Verkehrsstellen der Sekundärbahnen wird, soweit auf diesen Beamte überhaupt vorhanden sind, der Dienst durch sogenannte Haltestellenaufseher besorgt, welche ebenso wie das sonstige Personal der Sekundärbahn dem Bahnverwalter dienstlich unterstellt sind. Diese Beamten rangiren mit Eisenbahnassistenten II. und III. Klasse, Bahnmeistern, Bodenmeistern, Lokomotivführern und Oberschaffnern II. Klasse und beziehen ein Diensteinkommen, welches sich einschließlich der Nebenbezüge von etwa 1150 bis auf etwa 1700 ℳ pro Jahr steigert. Hilfskräfte für den Expeditionsdienst sind auf diesen Verkehrsstellen in der Regel nicht vorhanden, nur für den Güterbodendienst sowie zur Besorgung der groben Stationsarbeiten wird dem Haltestellen-Aufseher in der Regel ein sogenannter Güterboden-Arbeiter beigegeben.

Der Stationsdienst auf den Anschlussstationen — wo die Sekundärbahn mit der Hauptbahn zusammentrifft — wird ausschließlich von den Organen der Hauptbahn besorgt, welche sich mit dem Bahnverwalter der Sekundärbahn in fortlaufendem Einvernehmen zu erhalten haben.

Auf den für den Güter- und Personenverkehr eingerichteten Haltestellen der Sekundärbahnen, wo keine Beamten vorhanden sind, wird der Dienst — wie erwähnt — durch Privatleute besorgt, welche dieses Geschäft vertragsmässig übernommen haben und als Entschädigung dafür gewisse, weiter unten näher zu behandelnde Gebührensätze beziehen. Die Zahl der bei den Sächsischen Sekundärbahnen auf diese Weise bedienten Haltestellen ist verhältnissmässig gross; von den 52 gemischten Verkehrsstellen der in Frage kommenden acht Linien werden 18 von Beamten, 34 aber von solchen, als Güteragenten bezeichneten Privatpersonen verwaltet.

Die Güteragenten sind vorwiegend Wirthe, Gewerbetreibende und Kommunalbeamte, die in der Nähe der Haltestelle wohnen und die Besorgung des Agenturdienstes als Nebenbeschäftigung übernommen haben. Sie haben die Stationsanlagen in Ordnung zu erhalten und sich während der Stunden, wo Züge auf der Haltestelle verkehren, dort einzufinden und das Ein- und Ausladen der Stückgüter zu besorgen, sowie ausserdem beim Wagenan- und Absetzen und beim Weichenstellen hilfreiche Hand zu leisten. Die den Güteragenten obliegenden Expeditionsarbeiten im Güterwesen werden in Abschnitt VI sub 4 des Nähern behandelt werden; die hierfür geltenden Vorschriften sind in einer besonderen, den Güteragenten ertheilten Geschäftsanweisung zusammengestellt. Für die Bezahlung der Frachtgelder und Spesen für alle auf der Haltestelle angekommenen und aufgegebenen Güter ist der Güteragent der Staats-Eisenbahnverwaltung gegenüber verantwortlich. Die Ablieferung der Gelder an den Bahnverwalter, oder an die hierfür bestimmte Güterexpeditionskasse erfolgt alltäglich, die Abrechnung und Ausgleichung mit dieser Kassenstelle aber in der Regel in Zeit-

räumen von zehn zu zehn Tagen. Bei Wagenbedarf, in Beschwerde- und Reklamationsfällen, sowie bei etwaigen sonstigen aussergewöhnlichen Fragen hat sich der Güteragent instruktionsgemäss an den vorgesetzten Bahnverwalter zu wenden und von dort Verhaltungsmassregeln für den einzelnen Fall einzuholen. Jeder Güteragent hat bei der Staatseisenbahn-Hauptkasse eine entsprechende Kaution — 100 bis 300 ℳ — zu hinterlegen. Für die Vertragsaufkündigung ist eine dreimonatliche Frist festgesetzt; die Staatsbahnverwaltung kann ausserdem ihre Zusicherungen ohne weiteres dann widerrufen, wenn sich dies aus eisenbahnbetrieblichen Rücksichten erforderlich macht oder der Güteragent seinen Verpflichtungen nicht nachkommt.

Eine Vergütung wird dem Güteragenten für die ihm obliegenden Geschäfte seitens der Staats-Eisenbahnverwaltung nicht gewährt. Demselben ist aber gestattet, von den Versendern der auf der Haltestelle zur Beförderung aufgegebenen und den Empfängern der dort eingehenden Sendungen neben den tarifmässigen Sätzen eine Gebühr einzuheben, welche in der Regel für Wagenladungen bis zu 5000 kg Gewicht 1 ℳ, für Stückgutsendungen aber 0,05 ℳ für je 100 kg Gewicht — angefangene 100 kg für voll gerechnet — beträgt.

Ihre Rechtfertigung findet diese Gebühr, welche ausschliesslich dem Güteragenten zu Gute kommt, darin, dass der Verkehr der in dieser Weise verwalteten Haltestellen an sich nicht gross genug ist, um die Errichtung besonderer Verkehrsstellen mit eigenen Beamten u. s. w. gerechtfertigt erscheinen zu lassen. Mithin können für derartige kleine Verkehrsplätze Haltestellen nur dann in Frage kommen, wenn sich die Interessenten zur wenigstens antheiligen Uebertragung des durch den Bestand der Haltestellen verursachten Aufwandes bereit finden lassen und diese Uebertragung soll durch die an die Güteragenten zu zahlende Gebühr herbeigeführt werden.

Ausser den von Güteragenten verwalteten, für den Güter- und Personenverkehr eingerichteten, Haltestellen der Sekundärbahn gibt es auf den einzelnen Linien noch Verkehrsstellen, welche nur für den Personenverkehr eingerichtet sind. Dieselben sind nur mit kleinen offenen Wartehallen von Holzfachwerk ausgerüstet. Dienstpersonal ist auf solchen Haltestellen, deren Zahl bei den jetzt in Betrieb befindlichen Sekundärbahnen insgesammt fünfzehn beträgt, überhaupt nicht vorhanden.

c) Zugdienst

1. im allgemeinen.

Der Zugdienst regelt sich nach dem für jede Sekundärbahn massgebenden Fahrplan. Dabei ist die Zahl der täglichen Zugverbindungen auf der einzelnen Linie genau dem vorhandenen Verkehrsbedürfnisse angepasst worden. Auch wird auf der Mehrzahl der Sekundärbahnlinien zwischen dem Sommer- und Winterfahrplan unterschieden, insofern, als im Interesse des Personenverkehrs die Zahl der täglichen Zugverbindungen während des Sommerhalbjahres entsprechend vermehrt wird.

Auf den zur Zeit im Betrieb befindlichen Sekundärbahnen verkehren zur Zeit als fahrplanmässige Züge in jeder Richtung

				während des Winterhalbjahres	während des Sommerhalbjahres
1. auf der Linie		Pirna-Berggiesshübel	3	4 Züge
2.	" "	"	Johanngeorgenstadt-Schwarzenberg	4	4 "
3.	" "	"	Wilkau-Saupersdorf	5 *)	5 **) "
4.	" "	"	Hainsberg-Kipsdorf	3	4 "
5.	" "	"	Radebeul-Radeburg	3	4 "
6.	" "	"	Oschatz-Mügeln-Döbeln	4	4 "
7.	" "	"	Klotzsche-Königsbrück	3	3 "
8.	" "	"	Zittau-Reichenau	4 †)	4 †) "

*) bezw. an 3 Tagen der Woche 6. **) bezw. 6.
†) hiervon verkehren 2 Züge bis Markersdorf.

Sämmtliche Sekundärbahnzüge verkehren als gemischte Züge, d. h. sie dienen der Personen- und Güterbeförderung. Separate Personenzüge werden in vereinzelten Fällen, z. B. bei Jahrmärkten u. s. w. eingelegt. Besondere Güterzüge kommen auf den Sekundärbahnen blos ausnahmsweise zu Zeiten besonderer Verkehrssteigerungen vor.

Nur auf der Strecke Mügeln-Döbeln der Oschatz-Döbelner Sekundärbahn machen die bedeutenden Rübentransporte nach der in Grossbauchlitz bei Döbeln gelegenen Aktien-Zuckerfabrik für die Monate September bis Dezember die Einlegung besonderer Rübenextrazüge nöthig.

Die Fahrgeschwindigkeit ist für die einzelne Sekundärbahnlinie zunächst nach den lokalen Verhältnissen bemessen worden. Dieselbe beträgt 15 bis 20 km pro Stunde, je nachdem frequente Bahnübergänge oder solche, deren örtliche Lage besondere Vorsicht erfordert, vorhanden sind. Hiernach ergeben sich für die einzelnen Sekundärbahnen folgende Geschwindigkeiten:

Pirna-Berggiesshübel	20 km	
Johanngeorgenstadt-Schwarzenberg	15 bez. 20 "	
Wilkau-Saupersdorf	15 "	
Hainsberg-Kipsdorf	15 bez. 20 "	pro
Oschatz-Döbeln	15 " 20 "	Stunde.
Radebeul-Radeburg	20 "	
Klotzsche-Königsbrück	20 "	
Zittau-Markersdorf	12 bez. 17,5 "	

Dagegen beträgt die durchschnittliche Fahrgeschwindigkeit der Kurierzüge auf den Hauptbahnen 56,5 km, die der reinen Personenzüge 45,5 km und die der gemischten Züge 33,0 km pro Stunde.

2. Zugbegleitungsdienst.

Das Zugbegleitungspersonal der einzelnen Sekundärbahn besteht in der Regel aus einem zugführenden Schaffner und einem Bremser. Der zugführende Schaffner besitzt Beamteneigenschaft und wird meist aus den zugbegleitenden Schaffnern der Hauptbahn ausgewählt. Dagegen steht der Bremser im Tagelohn. Die Dienstfunktionen des Schaffners sind vielseitig; neben dem eigentlichen Zugführerdienste hat er die Billet- und Gepäckabfertigung auf den Haltestellen vorzunehmen, das Billetkoupiergeschäft während der Fahrt zu besorgen und — soweit es seine Zeit erlaubt — sich auch an dem Ein- und Ausladen der Stückgüter auf den Verkehrsstellen der Sekundärbahn zu betheiligen.

Auch liegt ihm auf den Haltestellen ohne Stationsbeamten die Weichenbedienung — in Gemeinschaft mit dem Güteragenten — ob. Hiernach vereinigt der Zugführer — im Vergleich zu dem Betriebsdienste auf den Hauptbahnen — die Funktion des Billeteurs, des Gepäckexpedienten, des Billetschaffners, des Zugführers, des Kofferträgers, sowie des Weichenstellers in einer Person. Er wird bei Ausübung dieser Dienstgeschäfte unterstützt von dem ihm beigegebenen, gleichzeitig als Wagenwärter fungirenden Bremser und kann auch, soweit dies im einzelnen Falle nöthig, das Maschinenpersonal zur Beistandsleistung heranziehen.

Das Diensteinkommen des zugführenden Schaffners beträgt im Durchschnitt etwa 1100 ℳ jährlich; er erhält ausserdem die üblichen Kilometergelder (als Entschädigung für den Aufwand während der Fahrt) und für den Billetverkauf ein Zählgeld im Betrag von 1 Prozent der Einnahme.

Im allgemeinen wird daran festgehalten, dass die Gesammtdienstzeit des Sekundärbahn-Zugführers und des Bremsers die auch für die Hauptbahnen angenommene Maximaldienstdauer nicht übersteigt. Hiernach regelt sich auch die Zahl der dienstfreien Tage für den einzelnen Bediensteten. Gewöhnlich erfolgt die Ablösung des Personals nach jedesmaliger Dienstleistung von zwei oder drei Tagen und zwar wird auf denjenigen Sekundärbahnlinien, wo nur eine Fahrdienstsektion vorhanden ist, das Ablösungspersonal von der Hauptbahn — unter Verschreibung des Aufwandes auf das Konto der Sekundärbahn — gestellt. Dieses Ablösungskommando wird in der Regel für jede einzelne Linie aus demselben Personale gebildet; dies geschieht, um den Bediensteten Gelegenheit zu geben, sich mit den eigenartigen Verhältnissen des Sekundärbahndienstes vertraut zu machen. Ausser den regulären Ablösungskommandos machen sich zu Zeiten lebhafteren Verkehrs auf den frequenteren Sekundärbahnlinien nicht selten ausserordentliche Verstärkungskommandos nothwendig; diese werden auf Antrag des Bahnverwalters von der nächstgelegenen Fahrdienststation der Hauptbahn gestellt.

Die Kontrolirung des billetverkaufenden Zugführers liegt in erster Reihe dem Bahnverwalter ob; derselbe hat zu diesem Behuf häufige Billetrevisionen in den Zügen selbst — und zwar entweder auf freier Strecke oder nach Ankunft der Züge auf den Verkehrsstellen — vorzunehmen und das Ergebniss dieser Revisionen in monatlichen Rapporten an die Generaldirektion einzuberichten. Unterstützt wird der Bahnverwalter in dieser Funktion von den ihm untergeordneten Haltestellenaufsehern sowie von dem Vorstande der Anschlussstation.

3. Zugförderungsdienst.

Der Lokomotivführerdienst auf den Sekundärbahnen ist Reserveführern (geprüfte Feuermänner) übertragen. Dieselben werden in der Regel aus dem jüngeren Personale der Hauptbahnen entnommen und kehren zum Hauptbahnbetriebe zurück, sobald sie ihrer Ancienität nach zu Lokomotivführern zu befördern sind. Ihr Einkommen beträgt, ausschliesslich der üblichen Kilometergelder, der Ersparnissprämien und des Bekleidungszuschusses, 1 200—1 260 ℳ pro Jahr.

Dem Lokomotivführer ist ein Feuermann beigegeben, der ihn in allen Funktionen zu unterstützen und sich auf den Stationen beim Ein- und Ausladen der Stückgüter sowie beim An- und Abschieben von Wagen zu betheiligen hat. Zu dieser Funktion werden verpflichtete, im Tagelohn stehende Maschinenputzer verwendet, welche auch in letzterer Eigenschaft thätig sein müssen. Ihr Einkommen beträgt einschliesslich der Nebenbezüge durchschnittlich etwa 1 050 ℳ pro Jahr.

Der Dienst und die durchschnittliche Dienstdauer ist auf den Sekundärbahnlinien je nach der Zahl und Lage der Züge etwas verschieden; im allgemeinen gelten hierfür die nämlichen Grundsätze, wie beim Zugbegleitungspersonal.

Die Kohlen für die Maschinen werden ausschliesslich auf den Anschlussstationen entnommen; zu diesem Zwecke sind daselbst kleinere Kohlenschuppen errichtet worden, soweit diese Stationen nicht schon in ihrer Eigenschaft als Maschinenstationen für den Hauptbahndienst mit derartigen Einrichtungen versehen waren.

Maschinenhäuser befinden sich auf denjenigen Verkehrsstellen der Sekundärbahnen, von welchen aus der Betrieb geht, ausserdem aber auch auf den Anschlussstationen. Die Wasserbeschaffung in die Cisternen geschieht meist durch die Lokomotive selbst vermittelst aufgestellter Ejektoren, welche pro Stunde etwa 25 bis 30 cbm Wasser liefern, so dass der geringe Wasserbedarf von 6 bis 10 cbm pro Tag und Maschine innerhalb kurzer Zeit zu beschaffen ist. An einigen Orten sind auch Wasserleitungen von höher belegenen Quellen aus hergestellt worden.

Kleinere Reparaturen an den Transportmitteln der Sekundärbahnen werden an Ort und Stelle ausgeführt. Zu diesem Behufe befinden sich in den Heizhäusern der Anschlussstationen kleine Werkstätten, welche jedoch nicht ständig, sondern nur im Bedarfsfalle mit Arbeiterpersonal aus der nächst belegenen Hauptbahnwerkstätte besetzt sind. Zur Vornahme von grösseren Reparaturen werden die Transportmittel der Schmalspurbahnen — unter Verwendung normalspuriger, besonders dazu eingerichteter Transportwagen — der nächsten Bezirks- oder der Hauptwerkstätte (in Chemnitz) zugeführt.

d) Bahnunterhaltungsdienst.

Die Beaufsichtigung des Bahnunterhaltungsdienstes liegt — wie bereits im Eingange dieses Abschnittes erwähnt — dem

Bahnverwalter ob. Derselbe hat hiernach im allgemeinen die nämlichen Funktionen wahrzunehmen, wie solche auf den Hauptbahnlinien den Abtheilungsingenieuren zufallen, als:

a) die Unterhaltung und Beaufsichtigung der Bahn sammt Zubehör an Kunst- und Hochbauten, Oberbau, Wegeanlagen u. s. w.,

b) die Beaufsichtigung der Bahn hinsichtlich der bestehenden Betriebs- und bahnpolizeilichen Vorschriften,

c) die Beaufsichtigung und bestmögliche Ausnutzung des Grundeigenthums,

d) die Anfertigung der Bahnunterhaltungsvoranschläge,

e) die Beschaffung der Materialien,

f) die Führung der Material- und Inventarbücher und

g) die Anfertigung der Zahlungsbelege.

Auch in seiner Eigenschaft als Leiter der Bahnunterhaltung steht der Bahnverwalter unmittelbar unter der Generaldirektion der Staatseisenbahnen; dies schliesst jedoch nicht aus, dass — namentlich wenn grössere Reparaturen an der Strecke oder an den Stationsanlagen nothwendig geworden sind — mitunter auch der der Sekundärbahn zunächst stationirte Abtheilungsingenieur der Hauptbahn für den einzelnen Fall mit Ausführung der bezüglichen Arbeiten beauftragt wird. Ebenso steht die gesammte Anschlussstation einschliesslich der dort befindlichen Sekundärbahnanlagen unter der technischen Aufsicht des zuständigen Hauptbahningenieurs.

Die periodischen Bahnrevisionen werden auch auf den Sekundärbahnen von den hierzu überhaupt berufenen Aufsichtsorganen vorgenommen.

Die unmittelbaren Geschäfte der Bahnunterhaltung werden auf den Sekundärbahnen — wie auf den Hauptbahnlinien — von Bahnwärtern besorgt. Diese Beamten haben unter der Leitung des — gleichzeitig auch als Bahnmeister fungirenden — Bahnverwalters den Streckenrevisionsdienst zu versehen, ausserdem müssen sie sich aber auch mit den eigentlichen Bahnunterhaltungsarbeiten beschäftigen, damit die Annahme besonderer Streckenarbeiter thunlichst eingeschränkt werden kann. Sie beziehen je nach der Dienstaltersstufe einen Gehalt von 756 bis 888 ℳ und ausserdem die übliche Bekleidungsgebühr, sowie ein Dienstaufwandsäquivalent in Höhe von 60 ℳ pro Jahr. Die im einzelnen Falle zur Verwendung kommenden Streckenarbeiter sind dem Bahnwärter, welcher als Vorarbeiter fungirt, dienstlich unterstellt.

Dienstwohnungen sind für die Bahnwärter auf den Sekundärbahnen in der Regel nicht vorhanden; die Wärter haben deshalb in den der Bahn zunächst gelegenen Ortschaften Unterkommen zu suchen.

Die durchschnittliche Streckenlänge des Bahnwärters auf der Sekundärbahn beträgt 4,7 km, während dieselbe auf den Hauptbahnen — je nachdem der Wärter noch Nebenfunktionen wie Haltestellen- oder Schlagdienst zu besorgen hat — zwischen 1 und 2,5 km differirt.

Uebergangsbewachung ist auf den Sekundärbahnen, wie schon erwähnt, nicht vorhanden. Bei der Annäherung des Zuges an die Niveauübergänge hat der Maschinenführer — in Gemässheit des § 21 der Bahnordnung für Eisenbahnen untergeordneter Bedeutung — das Läutewerk der Lokomotive in Thätigkeit zu setzen und darin bis nach Passiren des Wegeüberganges zu erhalten. Auch besteht für diejenigen Uebergänge, welche von den Zügen aus nur in kurzer Entfernung zu übersehen sind, noch die besondere Einrichtung, dass die Züge an der betreffenden Stelle auf kurze Zeit zum Halten zu bringen sind und ihre Fahrt erst dann wieder fortsetzen, wenn sich ein Hinderniss nicht zeigt.

Das Betreten der Bahnanlagen seitens des Publikums ist nur an den zur Ueberfahrt und zum Uebergang bestimmten Stellen gestattet.

e) Güterumladung.

Die Umladung der von den schmalspurigen Eisenbahnlinien auf die Normalbahnen oder umgekehrt von den Normalbahnen auf die Schmalspurbahnen übergehenden Güter erfolgt auf den Anschlussstationen theils durch Organe der Eisenbahnverwaltung selbst, theils durch hierfür angenommene Unternehmer, welche dieses Geschäft gegen Gewährung entsprechender Akkordsätze (pro Wagenladung bezw. pro 100 kg Stückgut) vertragsmässig übernommen und unter Aufsicht der betreffenden Stationsverwaltung zu besorgen haben. In den bezüglichen Verträgen verpflichtet sich der Unternehmer, jederzeit die nöthige Anzahl Arbeiter zu stellen, damit die täglich vorliegende Arbeit in den vorgeschriebenen Arbeitsstunden bezw. in den von der Stationsverwaltung bestimmten Zeiten erledigt werden kann. Er ist auch gehalten, im Bedarfsfalle und auf Erfordern der Stationsverwaltung zu aussergewöhnlichen Zeiten, namentlich während der Nachtstunden, arbeiten zu lassen, ohne deshalb eine höhere Vergütung als die ihm überhaupt zugebilligte beanspruchen zu können. Kommt der Unternehmer diesen Verpflichtungen nicht nach, so ist die Stationsverwaltung berechtigt, die nöthigen Arbeitskräfte auf seine Kosten zu beschaffen und ihm den dadurch erwachsenen Aufwand an den ihm zukommenden Vergütungsbeträgen zu kürzen. Das Mass und die Reihenfolge der täglich zu leistenden Arbeit bestimmt die Stationsverwaltung. Dabei hat sich der Unternehmer verbindlich zu machen, Arbeiter, welche nach dem Urtheile der Stationsverwaltung gegen die Ordnung verstossen oder aus sonstigen Gründen als ungeeignet anzusehen sind, auf Verlangen sofort aus der Arbeit zu entlassen. Ausserdem ist der Unternehmer für seine Person und zugleich für seine Leute dafür haftbar, dass die zur Behandlung kommenden Güter und Betriebsmaterialien pfleglich behandelt werden. Er hat für Verlust und Beschädigungen aufzukommen, die durch ihn oder seine Leute infolge unpfleglicher Behandlung, mangelhafter, unrichtiger oder unterlassener Aus- und Einladung oder sonst durch mangelhafte Erfüllung seiner vertragsmässigen Obliegenheiten für die Eisenbahnverwaltung entstehen. Insbesondere hat er auch für alle Verluste und Beschädigungen von Gütern einzustehen, welche in der Zwischenzeit von dem Uebergange in seine Behandlung bis zur Wiederablieferung eintreten oder von ihm bezw. von seinen Leuten nicht sofort bei Uebernahme der betreffenden Güter der Stationsverwaltung angezeigt werden.

Die Aufschreibung der zur Behandlung kommenden Transportmassen erfolgt täglich nach dem wirklichen Gewicht auf Grund der Frachtkarten gemeinschaftlich vom Stationsvorstande und dem Akkordunternehmer. Die hiermit gewonnene Nachweisung wird nach Ablauf einer bestimmten Zeit abgeschlossen und das sich ergebende Gewichtsquantum der Gebührenberechnung zu Grunde gelegt.

Die zur Umladung erforderlichen Ausrüstungsgegenstände, als Ketten, Hebebäume und dergleichen sind vom Unternehmer zu beschaffen; dagegen hat die Eisenbahnverwaltung für Stellung der erforderlichen Krahnvorrichtung zu sorgen.

Zur Sicherung der Eisenbahnverwaltung für alle vom Unternehmer übernommenen Verpflichtungen hat letzterer eine entsprechende Kaution bei der Staatseisenbahn-Hauptkasse zu hinterlegen.

VI. Einrichtungen für den Güter-, Personen- und Gepäckverkehr.

a) Güterverkehr.

1. im allgemeinen.

Eine wichtige Rolle in der Entwickelung des Deutschen Sekundärbahnwesens spielte von Anfang an die Frage, in welcher Weise die Gütertarife derartiger Bahnen und zwar speziell der Schmalspurbahnen zu gestalten seien. Es handelte sich hierbei namentlich darum, ob das für die Primärbahnen bestehende Tarifsystem mit allen seinen verschiedenen Klassen auf die Sekundärbahnen übertragen werden könne, oder ob nicht statt dessen für die Bahnen dieser Gattung ein einfacheres Tarifsystem zur Einführung zu gelangen habe. Dabei erschien es namentlich auch zweifelhaft, ob die für die Hauptbahnen bestehenden allgemeinen Vorschriften über die Anwendung der Tarife sowie über die Genehmigung der Aufsichtsbehörde zu Tarifänderungen, namentlich zu Tariferhöhungen, auch für die Sekundärbahnen beizubehalten seien, oder ob nicht den Bahnen dieser Gattung prinzipiell die freie Gestaltung ihrer Tarife — nach Befinden selbst durch Verträge mit Privaten — gestattet werden müsse und nur gegen den etwaigen Missbrauch dieser Freiheit gesetzliche bezw. vertragsmässige Garantieen zu beanspruchen seien.

Da die fachmännischen Ansichten, die hierüber laut wurden, zum Theil aus einander gingen, sah sich der Verein Deutscher Eisenbahnverwaltungen im Jahre 1880 veranlasst, diese Angelegenheit in den Kreis seiner Berathungen zu ziehen und überwies dieselbe zunächst der Kommission für Angelegenheiten des Güterverkehrs zur weiteren Behandlung. Die Vereinsorgane liessen sich hierbei von der Erwägung leiten, dass die Regelung dieser Tariffragen nicht nur formell zur Kompetenz des Vereins gehöre, sondern dass auch die einzelnen Vereinsverwaltungen, von welchen schon damals viele im Besitze derartiger Lokalbahnen sich befanden, ein lebhaftes Interesse an der baldigen und sachgemässen Lösung der noch vorhandenen Zweifelsfragen besässen.

Leider gelangen die Berathungen, welche infolge dessen von der bezeichneten Kommission bezw. der von dieser eingesetzten Subkommission gepflogen wurden, zu keinem bestimmten Abschluss. Gleichwohl hatte aber die vom Verein gegebene Anregung den Erfolg, dass ein sehr umfangreiches und werthvolles Material über diese Frage gesammelt wurde, dessen Benutzung den einzelnen Verwaltungen nachmals von grossem Werth gewesen ist. Auch trugen die wiederholten Berathungen innerhalb der Kommission dazu bei, wenigstens im allgemeinen unter den betheiligten Verwaltungen eine Uebereinstimmung betreffs der bei der Tarifbildung für Sekundärbahnen in Betracht kommenden generellen Gesichtspunkte herbeizuführen.

Es wurde hierbei zunächst anerkannt, dass die Wahl des Tarifsystems — wie dies in den thatsächlichen Verhältnissen selbst begründet ist — für jede einzelne Sekundärbahn an erster Stelle von den im einzelnen Falle vorhandenen technischen Voraussetzungen speziell von der Spurweite abhängig zu machen sei. Bekanntlich stützt sich das in einem grossen Theile des Vereinsgebietes gültige und auch für den internationalen Verkehr mannigfach adoptirte Tarifsystem auf den Grundsatz der Ausnutzung der Wagentragkraft und zwar einer Wagentragkraft von 10 000 kg. Hieraus ergibt sich von selbst, dass auf solchen Linien, wo Wagen von 10 000 kg nicht verkehren können, auch das normale Tarifschema nicht eingeführt werden kann. In der Regel wird dieser Fall aber bei allen

schmalspurigen Bahnen eintreten; für solche Bahnen kann mithin die Annahme des Tarifsystems der Hauptbahn gemeinhin nicht in Frage kommen.

Anders liegen die Verhältnisse bei Bahnen mit normaler Spurweite. Hier wird präsumtiv die gedachte Voraussetzung — nämlich die Verwendbarkeit von Wagen zu 10 000 kg — immer vorhanden sein, da die normale Spur erfahrungsgemäss in der Hauptsache nur zu dem Zwecke gewählt wird, um den Uebergang der Transportmittel zwischen Haupt- und Nebenbahn zu ermöglichen. Im allgemeinen kann also für derartige Bahnen gesagt werden, dass dieselben das Tarifsystem der Hauptbahnen einführen können, nicht einführen müssen.

Hiernächst war — wie auch bei den Berathungen innerhalb der Vereinskommission allseitig anerkannt wurde — vor allem darauf Gewicht zu legen, dass auch rücksichtlich der normalspurigen Bahnen kein bestimmtes, ein für allemal bindendes Tarifsystem statuirt werde. Denn die Nothwendigkeit, sich den individuellen Verhältnissen der von der Bahn erschlossenen und durchzogenen Landschaft nicht nur in technischer, sondern auch in merkantiler Hinsicht anzuschliessen, folgt so sehr aus dem Charakter der Sekundärbahn, dass ein Zwang betreffs einheitlicher Regelung der Tariffrage dem Zwecke und der Aufgabe solcher Bahnen direkt entgegenlaufen würde.

Die Entscheidung der Frage, ob die normalspurige Sekundärbahn das System der Hauptbahn annehmen solle oder nicht, ist hiernach zunächst immer von dem Charakter und der geographischen Lage der einzelnen Bahnlinie abhängig zu machen. Ist die Bahn hauptsächlich bestimmt, direkte Verkehrsbeziehungen mit der Hauptbahn zu vermitteln und schliesst sie unmittelbar an die Hauptbahn an oder verbindet sie sogar zwei Hauptbahnen mit einander, so wird die Einführung des allgemeinen Tarifsystems und der allgemeinen Tarifvorschriften immer die grosse Regel zu bilden haben. Denn was für den Durchlauf des Wagens spricht, das spricht auch für die durchgehende Berechnung des durchlaufenden Wagens.

Neben dieser Regel können aber auch Fälle vorkommen, wo auch die normalspurige Sekundärbahn trotz des direkten Anschlusses an die Hauptbahn doch mehr den Charakter einer blossen Zweiggleisanlage trägt und aus diesem Grunde die Annahme des komplizirten allgemeinen Tarifsystems nicht angezeigt erscheint. Für solche Fälle sowie auch dann, wenn ein direkter Anschluss an die Hauptbahn nicht besteht, noch auch zu erwarten ist, ist die Frage betreffs Annahme des Tarifsystems je nach den Verhältnissen des einzelnen Falles zu entscheiden.

Anders gestaltet sich die Frage bei schmalspurigen Sekundärbahnen, da hier — wie erwähnt — Wagen von 10 000 kg Tragkraft, wie solche das Tarifsystem der Hauptbahn voraussetzt, nicht vorhanden sind, und wo dies ausnahmsweise der Fall sein sollte, doch nicht auf eigenen Rädern auf die Hauptbahn übergehen können. Hier ist also die Annahme eines abweichenden Tarifsystems geboten und zwar ist die Entscheidung über die Natur dieses Tarifschemas sowie namentlich auch über die Höhe der einzurechnenden Einheitssätze in noch höherem Masse als sonst von den besonderen Verhältnissen des einzelnen Falles abhängig zu machen. Als allgemeines Erforderniss ist nur aufzustellen, dass das zu wählende Schema einerseits thunlichst einfach, andererseits aber mit Rücksicht auf die Beziehungen zur Hauptbahn mit dem allgemeinen Tarifschema unschwer vereinbar sei. Aus diesem

Grunde ist auch bei allen **Deutschen** Schmalspurbahnen die Tragkraft der Güterwagen auf je 5000 kg bemessen worden, so dass zwei Wagenladungen der Sekundärbahn zu einer **Wagen**ladung der Hauptbahn von 10000 kg und umgekehrt verwendet werden, und die einfachen Ladungen zu 5000 kg die für dieses Gewicht vorgesehenen Tarifklassen nicht nur der Sekundärbahnen, sondern auch der Hauptbahnen geniessen können.

2. Gütertarife der Sächsischen Sekundärbahnen.

In wesentlicher Uebereinstimmung mit den vorstehend entwickelten allgemeinen Gesichtspunkten ist die Frage betreffs des für die Sächsischen Sekundärbahnen anzunehmenden Tarifschemas in jedem einzelnen Fall besonders erörtert und entschieden worden.

Es war hierbei die Ueberzeugung massgebend, dass die Bahnen untergeordneter Bedeutung ihren Zweck, verkehrsärmeren Gegenden die Wohlthaten einer besseren Verbindung mit den Hauptbahnen zu verschaffen, nur dann erfüllen könnten, wenn von einer allgemeinen Schablonisirung der Tarife für die Sekundärbahnen überhaupt abgesehen werde. Dabei wurde für Bemessung der Tarifhöhe der leitende Grundsatz aufgestellt, dass hierbei einmal die Menge des zu erwartenden Verkehres, sodann aber auch die Höhe der Transportkosten auf dem mit der Bahn im einzelnen Falle konkurrirenden Verkehrswege (Landstrasse, Wasserweg) in Berücksichtigung zu ziehen sei.

Demgemäss ist für die beiden im Betrieb befindlichen normalspurigen Sekundärbahnen Pirna - Berggiesshübel und Schwarzenberg-Johanngeorgenstadt das allgemeine Tarifschema der Hauptbahn zur Annahme gelangt. Für beide Linien stellte sich diese Modalität nach den stattgehabten speziellen Erörterungen als die vortheilhafteste heraus. Die Pirna-Berggiesshübler Bahn vermittelt in der Hauptsache einen auf das Netz der Sächsischen Hauptbahnen und fremder Bahnen übergehenden Verkehr in Massenprodukten (Eisenerze und Sandsteine), während die Strecke Schwarzenberg-Johanngeorgenstadt die natürliche Fortsetzung der Hauptlinie Zwickau-Schwarzenberg bildet. Auch boten die Betriebs- und Verkehrsverhältnisse, die bei diesen beiden Linien in Betracht kamen, keinen Anlass, von den für den Güterverkehr im allgemeinen massgebenden Grundsätzen abzuweichen, wie denn auch schon in Rücksicht auf den zwischen diesen Linien und den Hauptbahnen stattfindenden Wagenübergang, sowie die nicht zu vermeidende Erstellung direkter Tarife für gewisse Transportartikel das Festhalten an den allgemeinen tarifarischen und reglementären Vorschriften besonders wünschenswerth erscheinen liess.

Bei Konstruktion der Schmalspurtarife war, was die äussere Form anlangt, hauptsächlich Werth darauf zu legen, dass die Berechnung der Schmalspurtaxen mit derjenigen für die Tarife der anschliessenden Vollbahnen in leichter und übersichtlicher Weise vor sich gehen könne, was hauptsächlich in der Weise geschieht, dass immer eine Klasse des Schmalspurtarifs mit einer oder mehreren Klassen des Vollbahntarifs korrespondirt, z. B. Klasse A des Schmalspurtarifs mit den Klassen A¹ und B des Hauptbahntarifs, die Spezialtarife I, II, III der Schmalspurbahn (für Sendungen von 5000 kg) mit den gleichnamigen Spezialtarifen der Hauptbahnen (für Sendungen von 10000 kg) und der Klasse A₂ der Hauptbahnen (für Sendungen von 5000 kg).

(Siehe hierüber auch nachstehend unter „Tarifklassen".)

Auch rücksichtlich der Höhe der für die einzelnen Schmalspurbahnen eingerechneten Taxen kommen mehrfache Verschiedenheiten in Betracht.

Die Staatsbahnverwaltung hielt es jedoch für richtig und der gleichmässigen Beachtung aller Landestheile für angemessen, bei der Konstruktion der Tarife auch hier von gleichen Grundlagen auszugehen und dieselben nur insoweit zu verlassen, als zwingende Rücksichten der oder jener Art hierzu Veranlassung gaben. Eine solche Rücksicht lag namentlich bei der Schmalspurbahn Döbeln-(Grossbauchlitz)-Mügeln-Oschatz

vor, auf deren Tarife die Sätze der dasselbe Verkehrsgebiet durchziehenden und die Städte Döbeln und Oschatz gleichfalls — via Riesa — verbindenden Hauptbahn nicht ohne wesentlichen Einfluss bleiben konnten.

Bei den übrigen Schmalspurbahnen ist es bisher möglich gewesen, den zum Ausdruck gekommenen lokalen Bedürfnissen in Form von Ausnahmetarifen Rechnung zu tragen.

Hierin ist der Grund zu erblicken, warum für den grössten Theil der seither dem Betrieb übergebenen Schmalspurlinien dieselben Einheitssätze Anwendung fanden. Die näheren Modalitäten werden weiter unten erwähnt werden.

Hiernach sind die

Tarifklassen

folgendermassen geordnet worden.

1. Die allgemeinen Wagenladungsklassen A¹ und B des Hauptbahntarifes sind zu einer allgemeinen Wagenladungsklasse (A) verschmolzen worden. Die Klasse A kommt zur Anwendung bei Aufgabe von 5000 kg auf einen Wagen oder Frachtzahlung für dieses Gewicht.

2. Die Spezialtarife I, II und III gelten bei Aufgabe von 5000 kg auf einen Wagen oder Frachtzahlung für dieses Gewicht. Den Spezialtarifen I und II ist der gleiche Einheitssatz zu Grunde gelegt worden.

3. Die Tarifklasse A² des Normaltarifs fällt aus.

4. Die Eilgutklasse der Normalbahnen ist in den Tarifen der Schmalspurbahnen — da hier eine Güterbeförderung mit reinen Personenzügen in Ermangelung derartiger Zugsverbindungen nicht stattfindet — überhaupt in Wegfall gelangt.

Die

Tarifbildung

erfolgt nach Analogie des Hauptbahntarifs durch Zusammenstossung eines Strecken-Frachtsatzes pro Kilometer und 100 kg sowie einer Expeditionsgebühr. Dabei wird — was den Verkehr mit der Hauptbahn betrifft — die Gebühr für die bahnseitig zu besorgende Umladung in den Tarifsätzen selbst mit berücksichtigt und zwar in der Weise, dass als Umladegebühr ein auf die Uebergangsstation zur Hauptbahn fallender Theil der Expeditionsgebühr eingerechnet wird. Diese Berechnungsweise bietet den Vortheil, dass für den Uebergangsverkehr zwischen Normal- und Schmalspurbahn nur Transitsätze für die Uebergangsstation der Nebenbahn zu bilden sind, die Sätze der Hauptbahn aber ganz unverändert bleiben können. Die Lokalsätze der Anschlussstation der Hauptbahn gelten einfach auch für den Transitverkehr, indem die entfallende Expeditionsgebühr als Entschädigung der Eisenbahnverwaltung für das Umladen und Umexpediren des Gutes gerechnet wird. Der Transitsatz der Sekundärbahn aber wird gebildet, indem von dem vollen Betrag des Lokalsatzes die Hälfte der eingerechneten Expeditionsgebühr aufgelassen wird.

Die Beträge, die hierbei in Frage kommen, sind nach den einzelnen Tarifklassen und für die in denselben verwiesenen Transportartikel verschieden, wie auch nothwendige Regulirungen nach Massgabe spezieller lokaler Bedürfnisse haben stattfinden müssen. Die Gleichmässigkeit der Berechnungsweise und der Anwendung ist jedoch überall gewahrt.

Tarifsätze.

Bei Beurtheilung der Frage, in welcher Höhe die für die Schmalspurbahnen zu erstellenden Tarifsätze zu bemessen seien, waren die bereits oben besprochenen Verhältnisse in Betracht zu ziehen. Man gelangte dazu, als Regel folgende Grundsätze anzunehmen:

Die Sätze für Stückgut wurden, da für diese Tarifklasse in den Verhältnissen des Schmalspurbetriebs kein Moment vorhanden ist, welches eine Abweichung angezeigt erscheinen liesse (die Umladung der Stückgüter auf Einmündungsstationen bildet auch auf Hauptbahnen die Regel), in derselben Höhe bemessen, wie bei den Normalbahnen. In Betreff der Wagenladungsklassen hatten nach den oben entwickelten allgemeinen Tarifgrundsätzen dreifache Sätze in Betracht zu kommen und zwar:

a) für die allgemeine Wagenladungsklasse,
b) für die Güter des Spezialtarifs I und II sowie
c) für die Güter des Spezialtarifs III.

Ein Frachtunterschied zwischen den Gütern der allgemeinen Wagenladungsklasse und der Spezialtarife I und II rechtfertigte sich schon durch den wesentlich höheren Werth der ersteren, sowie durch erhöhte Leistung und Haftpflicht der Eisenbahnverwaltung bei Gütern der zuerst gedachten Art (Beförderung in bedeckt gebauten Wagen).

Für die allgemeine Wagenladungsklasse A wurde der Durchschnitt zwischen den regulären Taxen der Klasse A 1 und B des Normaltarifs, für die Spezialtarife I und II der Satz der regulären Klasse A 2 und für Spezialtarif III der Durchschnitt zwischen den Taxen für A 2 und Spezialtarif III der Normalbahnen zu Grunde gelegt.

Allerdings bieten die sich hieraus ergebenden Frachtsätze in den meisten Fällen ganz wesentliche Ermässigungen gegenüber den früheren Achsfrachten. Doch wurde in Erwägung der bereits oben ausgeführten allgemeinen Rücksichten auch solchenfalls von einer Erhöhung der Einheitssätze abgesehen, und der Erfolg hat gelehrt, dass — selbst nachdem die im Jahre 1884 für das gesammte Sächsische Staatsbahnbereich in Kraft getretene Ermässigung der Gütertarife auch für die im Betrieb befindlichen Schmalspurbahnen analoge Anwendung gefunden hat — immer noch eine zufriedenstellende Rentabilität der einzelnen Schmalspurbahnen zu ermöglichen ist.

Wo mit Rücksicht auf die Tarife konkurrirender Hauptbahnlinien, wie bei Döbeln-Mügeln-Oschatz und Döbeln-Riesa-Oschatz, oder im Hinblick auf lokale Absatz- und Verkehrsbedürfnisse noch weiter gehende Ermässigungen geboten erschienen, haben solche, wie bereits oben angedeutet, entweder in allgemeinerem Umfange oder in Form von Ausnahmetarifen stattgefunden.

Besondere direkte Gütertarife waren dem Gesagten zufolge für die Sächsischen Schmalspurbahnen nicht zu erstellen. Denn da die Sätze der Uebergangsstation der Hauptbahn ganz unberührt bleiben und auch im Verkehre mit Stationen der Schmalspurbahn im vollen Betrage — unter Zusammenstossung mit den Transitsätzen der Sekundärbahn — zur Erhebung kommen, so erledigte sich die Erstellung direkter Schmalspursätze für den direkten Verkehr ebenso wie für den Verkehr mit Stationen des inländischen Hauptbahnbereiches.

Für die Erhebung der Nebengebühren sind die jeweilig für die Sächsischen Staatsbahnen im allgemeinen geltenden Sätze ohne Abänderung angenommen worden.

3. Betriebsreglement und Zusatzbestimmungen.

In Ansehung der in den Güterverkehren der Schmalspurbahnen anzuwendenden reglementären Bestimmungen gelten als Norm die allgemeinen Vorschriften des Betriebsreglements für die Eisenbahnen Deutschlands sowie die für die normalspurigen Sächsischen Staatsbahnen jeweilig geltenden allgemeinen und speziellen Zusatzbestimmungen. Ausnahmen hiervon sind nur da statuirt, wo solche durch die besonderen Verhältnisse der Schmalspurbahnen und namentlich durch die schmale Spurweite selbst geboten sind. Als Ausnahmen solcher Art sind vorzugsweise zu erwähnen:

zu §§ 34 und 35 des Betriebsreglements:

Der Transport von Leichen und Eisenbahnfahrzeugen, sowie von Fahrzeugen, welche nach den für die Hauptbahn gültigen Bestimmungen bei der Gepäckexpedition aufgegeben werden, ist ausgeschlossen. Diejenigen Fahrzeuge, für welche die Fracht nach den Bestimmungen des Güterverkehrs zu berechnen ist, werden dagegen insoweit zum Transport angenommen, als sich die Wagen der Schmalspurbahn hierzu eignen.

zu §§ 40—43.

Wilde Thiere werden auf der Schmalspurbahn nicht zum Transporte angenommen. Gestellung besonders eingerichteter Stallungswagen findet nicht statt. Die Beförderung von Vieh in Wagenladungsfracht ist auf diejenigen Schmalspurlinien beschränkt, wo ein bezügliches Bedürfniss vorliegt.

zu § 48.

Ausgeschlossen von der Beförderung sind alle in der Anlage D des Betriebsreglements für die Eisenbahnen Deutschlands unter I aufgeführten explodirbaren Gegenstände, ferner untheilbare Lasten (z. B. Dampfkessel), zu deren Transport die Wagen der Schmalspurbahn nicht die erforderliche Tragkraft haben oder sonst ungeeignet sind.

Unverpackte Güter, deren Umladung mit besonderen Schwierigkeiten verbunden ist, z. B. loses Topfgeschirr, Glas, Stroh und Heu, können auf der Schmalspurbahn für den Uebergangsverkehr nach der Hauptbahn zurückgewiesen werden, auch ist die Staatseisenbahn-Verwaltung berechtigt, solche anderwärts nach der Schmalspurbahn aufgegebene Güter den Adressaten auf der Uebergangsstation zur Verfügung zu stellen.

zu §§ 50 und 56.

Eilfrachtbriefe begründen für die schmalspurige Bahn keine andern Ansprüche auf Annahme, Abfertigung, Beförderung und Auslieferung wie für gewöhnliches Frachtgut.

zu § 57.

Die Lieferungszeit für Güter aller Art regelt sich nach den allgemeinen Vorschriften. Im Uebergangsverkehre der Wagenladungsgüter ist für die Umladung 1 Tag der Lieferungszeit für die Hauptbahn zuzuschlagen. Auch ruht die Lieferfrist für derartige Güter während der Sonn- und Festtage, falls aus Anlass derselben das Umladen Aufschub erleidet.

zu § 59.

Wegen Avisirung und Zuführung der Eilgüter wird auf die Ausnahmebestimmung zu § 56 verwiesen.

4. Güterexpedirung.

Das Abfertigungsverfahren im Güterwesen regelt sich auch auf den Sekundärbahnen im allgemeinen nach denselben Grundsätzen, welche für die Güterexpedirung auf den Sächsischen Staatsbahnen überhaupt massgebend sind. Nur in einigen Beziehungen sind mit Rücksicht auf die beschränktere Personalausstattung der Sekundärbahnen Vereinfachungen eingeführt worden, die jedoch vorwiegend blos den Wegfall gewisser, nicht unbedingt nothwendiger Formular- und Registerführungen rein interner Natur betreffen und mithin dem Publikum gegenüber überhaupt nicht zur Erscheinung kommen.

Wesentlichere Abweichungen von dem allgemeinen Verfahren sind nur für diejenigen Haltestellen angenommen worden, deren Dienst nicht von Beamten, sondern von hiermit vertragsmässig beauftragten Privatleuten — Güteragenten — besorgt wird. Hier erschien es nothwendig, sowohl betreffs der Aufgabe als auch der Auslieferung der Güter ein besonders einfaches Verfahren festzusetzen, welches — gegenüber den naturgemäss ziemlich komplizirten Vorschriften des Betriebsreglements und der allgemeinen Geschäftsanweisungen — die expeditionelle Thätigkeit des Agenten auf das zulässig niedrigste Mass beschränkt. Das Verfahren regelt sich hiernach auf solchen Haltestellen im allgemeinen folgendermassen:

Das zur Aufgabe kommende Gut ist vom Güteragenten ordnungsgemäss zu übernehmen und der Frachtbrief in der gewöhnlichen Weise abzustempeln. Eine Kartirungsbefugniss steht dem Agenten nicht zu; er hat vielmehr die Frachtbriefe in unverschlossenen, durch das Zugpersonal zu befördernden Kouverts derjenigen Station zuzustellen, welche die Kartirung der Güter für die Haltestelle vorzunehmen hat. Diese Kartirungsstationen wurden von Haus aus für die einzelnen Haltestellen besonders bestimmt; in der Regel ist die Kartirung

Sache der in der Richtung des Transportes zunächst gelegenen Station oder Uebergangsstation.

Bis zur Kartirungsstation dienen die Frachtbriefe als Begleitpapier.

Kommen Sendungen zwischen Haltestellen der Sekundärbahnen untereinander ohne Berührung einer Station vor, so müssen gleichwohl die Frachtbriefe der vorgeschriebenen Kartirungsstation zugestellt werden. Die Kartirung wird diesfalls auf die der Bestimmungshaltestelle nächstgelegenen Station vorgenommen und zwar unter Bezeichnung der Transportstrecke, für welche die Frachtberechnung zu erfolgen hat.

Die Frachten werden stets zu Lasten der zuständigen Station berechnet, erfolgt die Bezahlung auf einer Haltestelle, so wird letztere mit der Kassirung durch Avise beauftragt.

Güter nach Haltestellen von einer Station werden mittelst Begleitscheins, aus welchem der Agent u. a. auch ersehen kann, welchen Betrag er vom Empfänger des Gutes einzuheben hat, expedirt. Die zugehörige Frachtkarte geht aber an die zuständige Station. Die Auslieferung des Gutes an den Empfänger erfolgt auf den Haltestellen durch die Güteragenten gegen Einhebung der dem Frachtbrief haftenden Spesen. Dabei hat der Empfänger im Quittungsbuche der Haltestelle über den Empfang des Gutes schriftliche Quittung zu leisten.

Aus allen Frachtkarten muss die Transportstrecke, für welche die Frachtberechnung stattfindet, also auch die Empfangsstelle des Gutes, ersichtlich sein.

Die einkassirten Gelder hat der Agent an die zuständige Station (gewöhnlich diejenige, an welcher der Bahnverwalter seinen Sitz hat) und zwar alltäglich abzuliefern. Dieser Station ist jederzeit aus den Karten, durch welche sie mit den Beträgen belastet wird, genau bekannt, was der Agent abzuliefern hat.

Die allgemeine Beschränkung, dass für alle von Stationen nach Haltestellen gehenden Güter Vorausbezahlung der Fracht u. s. w. (Frankatur) verlangt werden kann, und dass die von Haltestellen abgehenden Güter in der Regel nur unfrankirt und ohne Nachnahmebelastung angenommen werden, gilt auch für die Haltestellen der Sekundärbahnen.

Insoweit Ausnahmen hiervon statthaft sind, wie z. B. rücksichtlich der reglementmässig dem Frankaturzwange unterliegenden Sendungen (nach der Hauptbahn und weiter) erfolgt die Regulirung durch direktes Einvernehmen zwischen der Haltestelle und der vorgesetzten Station, für Frankaturbeträge z. B. in der Art, dass die Uebergangs- (Anschluss-) Station der betreffenden Haltestelle eine Rechnung zur Einkassirung zustellt und sich durch Nachnahme auf die zuständige (d. i. die der Haltestelle vorgesetzte) Station Deckung verschafft.

Im Gegensatz hierzu besteht für die Lokalverkehre der Schmalspurbahnen die Bestimmung, dass hier die Vorschriften über Frankaturzwang keine Anwendung zu finden haben. Es ist deshalb solchenfalls die Annahme der franko gestellten und der mit Nachnahme belasteten Sendungen abzulehnen.

Spezielle Nachweise u. s. w. für die Hauptverwaltung hat der Güteragent überhaupt nicht anzufertigen. Seine Thätigkeit in dieser Richtung beschränkt sich auf die Führung eines Verzeichnisses über die aufgegebenen Sendungen, welches nach Monatsschluss an das Kontrolbureau — behufs vorschriftsmässiger Prüfung der Frachtberechnung — einzureichen ist. Die vorschriftsmässige Rapportirung der Karten ist Sache der zuständigen Stationen.

Die Abrechnung und Ausgleichung zwischen dem Agenten und der zuständigen Station hat dekadenweise, vor Ablauf einer Dekade aber dann zu erfolgen, wenn und sobald Fracht und Spesenbeträge, für welche er vertragsmässig der Bahnverwaltung aufzukommen hat, bis zur Höhe der bestellten Kaution angewachsen sind.

Alle an einer Sekundärbahn belegenen Stationen — welche in diesem Sinne auch die mit einem Beamten besetzten

Haltestellen mit Kartirungsbefugniss und selbstständiger Kassenführung beizählen — liefern die Einnahmen an diejenige Station ab, an welcher der Bahnverwalter seinen Sitz hat. Der Bahnverwalter stellt die Einnahmen in die Abrechnung ein und liefert die Gelder zur Hauptkasse ab.

Eine Ausnahme hiervon machen nur die Anschlussstationen an die Hauptbahn, welche mit der Hauptkasse selbstständig abrechnen.

Im Uebergangsverkehr der Schmalspurbahnen nach den Verkehrsstellen der Hauptbahn findet direkte Kartirung von Gütern auf Grund der zusammenzustossenden Transitfrachttarife der Schmalspurbahn und der Frachttarife für die Uebergangsstationen zur Hauptbahn statt.

Bezüglich der von Güteragenten bedienten Haltestellen hat jedoch die Kartirung nicht durch diese, sondern — in analoger Weise wie im Lokalverkehr der Schmalspurbahn durch die im einzelnen Fall besonders vorgeschriebene Kartirungsstation — durch Vermittelung der Uebergangsstation mit ab Haltestelle zu datirenden Frachtkarten zu erfolgen.

Die nach den zusammengestossenen Tarifsätzen sich ergebenden Frachten (Stückgut- oder Wagenladungsfracht) werden in der Regel in einer Summe auf den Frachtkarten vermerkt. Nur dann, wenn infolge besonderer Umstände — wie z. B. in dem Falle, wenn auf der Schmalspurbahn infolge der Beschaffenheit des Gutes mehr Wagen zu einer Frachtbriefsendung zu verwenden waren, als zur Erlangung der Wagenladungsfracht statthaft ist — die Frachtberechnung auf Hauptbahn und Schmalspurbahn nicht nach gleichen, bezw. den einander entsprechenden Klassen zu bewirken ist, muss die Fracht für beide getrennt berechnet und in der Karte angegeben werden, wenn nicht zur Vermeidung von Rapportirungsschwierigkeiten dann überhaupt indirekter Kartirung der Vorzug gegeben wird.

Direkte Tarifsätze zwischen den einzelnen Schmalspurbahnen unter sich existiren ebenso wenig, wie zwischen den Schmalspurbahnen und aussersächsischen Stationen, es erfolgt diesfalls vielmehr durchweg Umkartirung in der Uebergangsstation unter Einrechnung der gewöhnlichen Transitsätze für die Schmalspurlinien. Die Vorfracht ist in diesen Fällen bei der Weiterkartirung ab Uebergangsstation als Nachnahme in Ansatz zu bringen.

b) Personen- und Gepäckverkehr.

1. Personentarife im allgemeinen.

Während nach den vorstehenden Ausführungen die Entscheidung darüber, ob für den Güterverkehr der Sekundärbahnen — speziell der Schmalspurbahnen — das allgemeine Tarifsystem Anwendung zu finden habe, auf die verschiedenartigsten Gesichtspunkte Rücksicht zu nehmen war, gestaltete sich diese Frage in Ansehung des Personenverkehrs von vornherein bei weitem einfacher. Die Leistung der Eisenbahn auf dem Gebiete des Personentransportes bleibt sich im wesentlichen gleich, mag nun die Beförderung auf der Hauptbahn oder auf der Sekundärbahn, auf der Normalbahn oder auf der Schmalspurbahn stattfinden, und weder die Konstruktion der Transportmittel noch auch die Anschlussfrage ist an sich geeignet, in dieser Beziehung eine unterschiedliche Behandlung der Interessenten zu rechtfertigen. Die alleinigen Unterschiede, die zwischen der Beförderung auf der Hauptbahn und derjenigen auf der Sekundärbahn in der hier fraglichen Hinsicht obwalten, bestehen darin, dass dem Reisenden auf der Sekundärbahn infolge räumlicher Beschränktheit und der einfacheren Ausstattung der Wagen in der Regel ein geringeres Mass an Bequemlichkeit geboten werden kann, wie in den Koupees der Hauptbahnen, sowie dass die Fahrgeschwindigkeit auf den sekundär betriebenen Strecken eine geringere ist, als auf den Primärlinien. Die Ausnutzung der Personenwagen auf den Sekundärbahnen ist — obwohl die hier von den Reisenden zu durchfahrende Strecke in der Regel kürzer sein wird, als auf der primär betriebenen Strecke — im Durchschnitt doch keine geringere als auf den Hauptbahnen. Wenigstens haben die bei den Sächsischen Staatsbahnen hierüber gesammelten statistischen Erfahrungen dies nachgewiesen.

Waren hiernach aber die Voraussetzungen zu einer prinzipiellen Erhöhung der Personengeldsätze für die Sekundärbahnen nicht vorhanden, so konnte nur die Frage entstehen, ob etwa mit Rücksicht auf die Verhältnisse des konkreten Falles bei der einzelnen Sekundärbahn erhöhte Personentarife zu erstellen seien. Dieser Fall wird dann eintreten, wenn nach den obwaltenden Verkehrsumständen für die einzelne Linie eine so geringe Personenfrequenz zu erwarten steht, dass bei Aufrechterhaltung der gewöhnlichen Fahrgeldsätze eine befriedigende Rentabilität — entweder im allgemeinen oder auch nur in Ansehung der Personenbranche — voraussichtlich nicht zu erreichen wäre. Unter dieser Voraussetzung muss die Eisenbahnverwaltung zweifellos als berechtigt angesehen werden, ihr finanzielles Interesse durch Einstellung höherer Einheitssätze auch für den Personenverkehr zu wahren; doch hängt diese Frage weder mit der Konstruktion noch mit der Betriebsweise der einzelnen Bahnen zusammen, sie ist lediglich allgemein-ökonomischer Natur und kann unter der angegebenen Voraussetzung auch bei primär betriebenen Linien entstehen, wennschon die hier vorliegenden Verkehrsbedingungen — wenigstens was die grösseren Durchgangslinien betrifft — ein derartiges Vorgehen seltener rechtfertigen mögen, wie bei den Lokalbahnen.

2. Personentarife der Sächsischen Sekundärbahnen.

Für die Sächsischen Sekundärbahnen, speziell für die Schmalspurlinien, kamen zeither derartige Rücksichten nicht in Betracht, da sämmtliche im Betrieb befindliche Sekundärbahnen einschliesslich der Schmalspurstrecken von Anfang an die Vorbedingungen einer genügenden Personenfrequenz aufwiesen und zwar in einem Umfange, der hinter dem Durchschnitts-Verkehre der Hauptbahnlinien nicht zurückbleibt. Im Gegentheil zeichnet sich die Mehrzahl der Sächsischen Sekundärbahnen — und hierunter in erster Reihe die Hainsberg-Kipsdorfer und Radebeul-Radeburger Schmalspurlinien — durch einen besonders entwickelten Personenverkehr aus, was einestheils auf die landschaftlichen Eigenschaften der von diesen Linien durchzogenen Gegenden, anderntheils auf die Nähe grösserer Verkehrsplätze zurückzuführen ist.

Mit Rücksicht auf diese Verhältnisse wurden für sämmtliche Sächsische Schmalsparbahnen die normalen Personeneinheitssätze angenommen, dieselben beziffern sich hiernach folgendermassen:

	pro Person und Kilometer		
	II. Kl.	III. Kl.	Militärpersonen
	₰	₰	₰
bei Tourbillets	6	4	1⅓
„ Tagesbillets	8	5⅓	—

für Hundebillets: 1½ ₰ pro Kilometer.

Ebenso ist für den Gepäckverkehr der normale Einheitssatz, nämlich

pro je 10 kg Taxgepäck 0,533 ₰

eingerechnet worden.

3. Betriebsreglement und Zusatzbestimmungen.

Die Abweichungen des Sekundärbahnbetriebes auf dem Gebiete des Personentransportes zeigen sich hauptsächlich

in dem Wegfall der 1ten und 4ten Wagenklasse,
in dem Wegfall besonderer Nichtraucher- und Frauenkoupees, sowie in der thunlichsten Beschränkung der Verausgabung direkter Billets von und nach Stationen der Sekundärbahnen.

Dass dem Publikum bei den Hauptbahnen gerade in der Klassenfrage weitgehende Konzessionen gemacht worden sind,

bedarf keiner näheren Begründung. Fast alle Eisenbahnverwaltungen haben die Erfahrung gemacht, dass die bestehenden Abstufungen selbst auf den verkehrsreicheren Linien über das thatsächliche Bedürfniss hinaus gehen, und dass namentlich auf denjenigen Strecken, wo auch die vierte Wagenklasse verkehrt, von einer auch nur annähernden Ausnutzung der oberen Klassen nicht die Rede ist. Die nachtheiligen Folgen, welche hiermit für die Rentabilität der einzelnen Eisenbahnlinien verknüpft sind, liegen auf der Hand und es bedarf nur eines Blickes auf die statistischen Nachweisungen über die Ausnutzung der Transportmittel im Personenverkehre, um sich von dem in dieser Richtung bestehenden Missverhältniss zu überzeugen.

Allerdings sprechen Gründe dafür, dass beim Eisenbahntransporte auf die Bequemlichkeit und das Wohlbefinden des Publikums auch in der hier fraglichen Beziehung mehr Rücksicht genommen werde, als dies bei anderen Transportanstalten — wie z. B. dem Omnibus- und Pferdebahntransporte — geschieht und geschehen kann. Doch ist zu beachten, dass diejenigen Rücksichten, die hierbei vorzugsweise in Betracht kommen, bei den Sekundärbahnen — schon infolge der durchschnittlich kürzeren Fahrtdauer und des Wegfalls der Nachtfahrten — in weitaus geringerem Masse vorliegen, wie bei den Hauptbahnen. Dies war der Grund, warum bei den Sächsischen Sekundärbahnen — ebenso wie bei den meisten übrigen Deutschen Bahnen dieser Gattung — von Einstellung nicht nur der 1ten Wagenklasse, sondern auch besonderer Frauen- und Nichtraucherkoupees Abstand genommen worden ist.

Ebenso verkehren auf den Sächsischen Sekundärbahnen keine Personenwagen IV. Klasse. Diese Beschränkung erschien thunlich, weil auf keiner der betreffenden Linien regelmässige Arbeitertransporte — wie solche für die Einrichtung der vierten Wagenklasse ausschliesslich in Betracht kamen — sich bewegen. Auch würde schon mit Rücksicht auf die geringere Höhe und Bodenfläche der Schmalspurpersonenwagen die Beförderung von Personen ohne Sitzgelegenheit — wie dies ein charakteristische Merkmal der IV. Wagenklasse ist — zu vielfachen Unzuträglichkeiten für die Passagiere selbst Anlass geben.

Die Einschränkung der direkten Billetsorten ist mit Rücksicht darauf erfolgt, dass der Billetverkauf auf den Sächsischen Sekundärbahnen — mit Ausnahme der besonders frequenten Verkehrsstellen, wo der Verkauf in der gewohnten Weise durch das Stationspersonal besorgt wird — von dem Zugführer zu bewirken ist, und schon aus diesem Grunde die thunlichste Vereinfachung des Billetexpedirungsgeschäftes unbedingt nothwendig erschien. Auch kamen hierbei räumliche Gründe in Betracht, weil die Billetschränke in den Gepäckwagen der Sekundärbahnzüge untergebracht werden müssen, von wo aus der Billetverkauf besorgt wird.

Aus demselben Grunde sind für mehrfache Relationen die Billets für beide Richtungen — nach dem sogenannten Viceversa-System — mit einander verschmolzen worden. Auch werden in einigen Fällen für den Verkehr zwischen Haltestellen, die annähernd dieselbe Entfernung von einander aufweisen und mithin gleiche Personengeldsätze bedingen, dieselben Billets ausgegeben. Die Billets haben in diesen Fällen beispielsweise folgendes Aeussere:

```
Dippoldiswalde-
Naundorf b. Schmdbg.
   oder Schmiedeberg
   oder umgekehrt.
III. Kl.            0.30 ℳ
```

```
Nicht übertragbar (siehe Tarif).   Gadewitz-Töllschütz   und zurück   oder umgekehrt.   III. Kl.   0.50 ℳ.   H.   R.   Gadewitz-Töllschütz   0002
```

Tagesbillets werden auf den Sächsischen Sekundärbahnen ausgegeben und zwar unter Anwendung derselben Preisberechnungsmodalitäten wie auf den Hauptbahnen, ebenso finden die allgemeinen Grundsätze über Abonnementskarten, Kouponsbücher und Schülerkarten (Kouponsbücher zum halben Preis) Anwendung.

Für die Personenbillets ist das übliche sogen. Edmondson'sche Kartensystem angenommen worden; nur für die Beförderung von Militärpersonen werden ebenso wie für den Hundetransport meist Blanketbillets verwendet, welche von dem den Billetverkauf besorgenden Zugführer im einzelnen Falle ausgefüllt werden. Da derartige Transporte — namentlich was die Militärtransporte betrifft — auf den Sächsischen Sekundärbahnen verhältnissmässig nicht allzu häufig vorkommen, lässt sich dieses Verfahren, welches gleichfalls den Zweck der thunlichsten Einschränkung der einzelnen Billetsorten verfolgt, ohne Schwierigkeit durchführen.

Der Gepäcktarif ist dergestalt normirt, dass neben dem Handgepäck — soweit dessen Mitnahme in die Personenwagen nach allgemeinen Grundsätzen zulässig ist — auch die üblichen 25 kg auf Tourbillets frachtfrei befördert werden. Die Aufrundung des taxpflichtigen Gewichtes erfolgt in der auch bei den Hauptbahnen üblichen Weise von 10 zu 10 kg.

4. Billet- und Gepäckexpedirung.

Der Billet- und Gepäckexpeditionsdienst auf den Sekundärbahnen — soweit derselbe durch den Zugführer besorgt wird — und die desfallsige Buch- und Kassenführung erfolgt in nachstehender Weise:

Der Bahnverwalter übergiebt dem Zugführer nach jeweiligem Bedarfe einen entsprechenden Vorrath von Billets, welche der letztere in geordneter Reihenfolge in den im Gepäckwagen befindlichen Billetschrank einzulegen hat.

Diese Billets werden in ein getrennt vom Billetjournal zu führendes „Zugführer - Journal" eingetragen, dergestalt, dass der Eintrag jeder Zeile von dem Zugführer an Quittungsstelle durch Beischreibung seines Namens bescheinigt werden kann. Dieses Zugführer-Journal bildet die Grundlage für die Revision der Billetbestände, und zwar sowohl derjenigen, welche sich noch in der Verwahrung des Bahnverwalters befinden, als auch derjenigen, die vom Bahnverwalter dem Zugführer übergeben worden sind.

Den nach der Nummerfolge aus dem Billetschranke zur Ausgabe kommenden Billets wird das Datum und die Tageszeit durch Abstempelung mittels der auch auf den Stationen der Hauptbahnen gebräuchlichen Datumpresse aufgedrückt.

Täglich nach Ankunft des letzten Zuges auf derjenigen Station, woselbst sich der Sitz der Bahnverwalterei befindet, werden von dem Zugführer die während des Tages verkauften Billets unter Ablieferung des dafür gelösten Geldes und der ausgefertigten Talons zu Militär- und Hundebillets an den Bahnverwalter rapportirt.

Ueber die abgelieferten Billetgelder ertheilt der Bahnverwalter in einem besonderen, in den Händen des Zugführers verbleibenden Buche Quittung.

Aus dem obenbezeichneten Zugführerrapport werden sodann von dem Bahnverwalter die ausgegebenen Billets in das eigentliche Billetjournal übertragen; dieses Journal wird am Monatsschlusse nach Anleitung des dafür vorgeschriebenen Formulars abgeschlossen und mit dem nach Massgabe des betreffenden Tarifs anzufertigenden Verkaufsrapporte an das Kontrolbureau eingesandt.

Die Koupirung der Billets erfolgt mittels gewöhnlicher Koupirzange mit festeingesetzter Nummer.

Die benutzten Billets werden durch den Zugführer abgenommen und geordnet an den Bahnverwalter abgeliefert, welcher sie dem Kontrolbureau in je 10 tägigen Zeitabschnitten einzuliefern hat.

Das Gewicht des zu befördernden Reisegepäcks wird Seitens des Zugführers in der Regel durch Schätzung nach dem Augenscheine bez. wo dies Verfahren zur Bestimmung des Gewichts nicht ausreicht, durch Verwiegen auf der in dem Gepäckwagen befindlichen Federwaage festgestellt. Bei der Expedirung des Reisegepäcks zwischen den Verkehrsstellen der Sekundärbahn bedient sich der Zugführer eines vereinfachten Gepäckregister-Formulars.

Dieses enthält:

a) links: den mit fortlaufender Nummer (bis 100) versehenen Stamm;

b) in der Mitte: den mit gleicher Nummer versehenen, dem Aufgeber des Reisegepäcks einzuhändigenden, bei Auslieferung des letzteren aber wieder abzunehmenden Gepäckschein;

c) rechts: die in vierfacher Anzahl vorhandenen, mit der Nummer des Stammes und Gepäckscheins übereinstimmenden, auf der Rückseite gummirten Beklebenummern, welche der Zugführer auf die betr. Gepäckstücke aufklebt.

Zur Abfertigung des Reisegepäcks nach den Stationen der Hauptbahnen bedient sich der Zugführer des auf letzteren gebräuchlichen Gepäckregister-Formulars.

Am Tagesschluss liefert der Zugführer die ausgefertigten Stammnummern und die abgenommenen Gepäckscheine, sowie die vereinnahmte Fracht an den Bahnverwalter gegen Quittungsvermerk ab.

Der letztere trägt in die hierfür vorgeschriebenen Formulare

a) den Verkehr zwischen den Verkehrsstellen der Sekundärbahn unter einander, sowie

b) den Verkehr von den Verkehrsstellen der Sekundärbahn nach der einbezogenen Hauptbahnstation

tageweise ein und liefert dann am Monatsschlusse die in dieser Weise ausgefüllten und durch Addiren abgeschlossenen Nachweise an das Kontrolbureau ab.

Von dem Kontrolbureau erfolgt die Buchung, revisorische Behandlung u. s. w. der Ergebnisse aus dem Personen- und Gepäckverkehr der einzelnen Sekundärbahnen in Gemässheit der allgemeinen Bestimmungen, jedoch mit der Massgabe, dass die Monatsfrequenz- und Einnahmeübersichten der einzelnen Sekundärbahnen zwar mit denen für den Gesammtverkehr der Sächsischen Staatseisenbahnen vereinigt, ausserdem aber noch in je einem besonderen Exemplare angefertigt und an die Hauptbuchhalterei eingereicht werden.

Ein gleiches geschieht übrigens auch hinsichtlich der Ergebnisse aus dem Fahrzeugs- und Thier-, sowie Güterverkehr.

c) Transportleistungen der Sekundärbahnen für Zwecke der Post- und Militärverwaltung.

Die Leistungen der Sekundärbahnen für die Post sowie die dafür zu entrichtenden Vergütungen weichen in vielfachen Beziehungen von denjenigen der Hauptbahnlinien ab. Denn während auf den Hauptbahnen durchgehends das Eisenbahnpostgesetz vom 20. Dezember 1875 mit den dazu erlassenen Vollzugsbestimmungen Anwendung findet, sind für den Postverkehr auf den Sächsischen Sekundärbahnen — mit alleiniger Ausnahme der Strecke Pirna-Berggiesshübel — für welche Zeit noch das Eisenbahnpostgesetz gilt — die „Bestimmungen des Reichskanzlers vom 28. Mai 1873, betreffend die Verpflichtungen der Eisenbahnen untergeordneter Bedeutung zu Leistungen für die Zwecke der Post," massgebend.

Die Beförderung des Postdienstes erfolgt auf den übrigen Sekundärbahnen entweder

a) in besonderen, den Sekundärbahnzügen beigestellten Postwagen, oder

b) in separaten Abtheilungen von Personen- oder Güterwagen, oder

c) in dem von der Post- und Eisenbahnverwaltung gemeinschaftlich benutzten Gepäckraume des Zugführerwagens.

Ausserdem werden auf einigen Linien die Postgüter auch in verschlossenen Säcken oder Briefbeuteln durch das Eisenbahnpersonal mit befördert.

Die Entschädigung, welche die Eisenbahnverwaltung für den Postdienst auf den Sekundärbahnen bezieht, ist im Durchschnitt — entsprechend der geringeren Menge der zu trans-portirenden Postgüter — erheblich niedriger als diejenige auf den Hauptbahnen. Nach den hierüber für das Jahr 1884 gesammelten Unterlagen betrug die Einnahme der Eisenbahn für die Leistungen zu Gunsten der Post pro Kilometer

bei den Hauptbahnen . . . . 126,9 ℳ

bei den Sekundärbahnen (mit Ausschluss der Linie Pirna-Berggiesshübel) dagegen nur . . . . . . 35,2 „

Bezüglich der Transportleistungen im militärischen Interesse gelten für die Sekundärbahnen dieselben Bestimmungen, welche für den Eisenbahnverkehr im allgemeinen massgebend sind. In der Natur der Sache liegt es jedoch, dass — soweit es sich um militärische Massentransporte handelt — die beschränkte betriebliche Ausrüstung der Sekundärbahnen, speziell der Schmalspurbahnen, in mehrfachen Beziehungen einen einschränkenden Einfluss ausüben muss.

VII. Zweiggleis- und Weichenanschlussanlagen.

Eine besondere Fürsorge hat man auf den Sächsischen Sekundärbahnen, speziell auf den Schmalspurbahnen, dem Zweiggleiswesen zu Theil werden lassen. Schon aus dem Charakter dieser Linien, als rein lokaler Transportstrassen, ergibt sich die Nothwendigkeit, auf die thunlichst unmittelbare Einbeziehung auch der kleineren Verkehrsquellen bedacht zu sein. Während die Hauptbahn, beziehungsweise die Station der Hauptbahn, in der Regel den Zweck hat, einem grösseren Interessentenkreis in seiner Gesammtheit die Vortheile einer gleichmässigen Verkehrserleichterung zu verschaffen, und während hier — abgesehen von denjenigen Ausnahmefällen, wo die besonderen lokalen Verhältnisse einzelner Unternehmungen eine direkte Schienenverbindung gestatten — von einem Aufsuchen der einzelnen Produktionsstellen selbst meist schon aus örtlichen Gründen nicht die Rede sein kann, findet die lokale Sekundärbahn gerade in der Berücksichtigung und Bedienung solcher spezieller Verkehrsbedürfnisse ihre vorwiegende Aufgabe. Das Vorhandensein mehrerer bedeutender Fabriken genügt in gewissen Fällen schon, um der Sekundärbahn, und namentlich der Schmalspurbahn, eine leidliche Verkehrsentwickelung zu sichern, und speziell bei den Schmalspurbahnen wird sich das Verhältniss nicht selten so gestalten, dass nicht sowohl die Bedeutung einer Gegend oder eines Ortes im allgemeinen, als vielmehr das Vorhandensein einer grösseren Anzahl von vornherein bestimmter Etablissements für den Bau der Eisenbahnlinie überhaupt ausschlaggebend ist. Aus diesen Gründen folgt aber von selbst, dass bei den Sekundärbahnen bei Berücksichtigung der einzelnen Verkehrsquellen in der Regel weitergegangen werden muss, wie bei den Hauptbahnen, und namentlich bei den Schmalspurbahnen sind — infolge des grösseren Spielraumes bei der Kurven- und Neigungsbestimmung — auch in technischer Hinsicht die Vorbedingungen für eine derartige Sonderberücksichtigung der einzelnen Etablissements in der Regel vorhanden. Dabei erfüllen die Zweiggleise bei den Sekundärbahnen gewissermassen denselben Zweck wie die Sekundärbahnen selbst in ihrem Verhältnisse zur Hauptbahn; sie sind die Saugadern für den Verkehr der Stammbahn, und je mehr es dieser an einem hinlänglichen, allgemeinen Verkehr gebricht, um so bedeutungsvoller müssen diese Gleisanschlüsse für die Sekundärbahn selbst sein, um so eifriger aber auch das Bestreben der Verwaltung, ihre Vermehrung zu fördern.

Mit Rücksicht hierauf sind bei den Sächsischen Sekundärbahnen die Gebühren für die Zweiggleisbedienung unter Berücksichtigung der Selbstkosten besonders niedrig normirt worden. Es war hierbei — neben den ausgeführten Gründen allgemeiner Natur — namentlich auch der Gedanke massgebend, dass durch die Vermehrung der Privatgleisanlagen die Zahl der auf Staatskosten anzulegenden öffentlichen Verkehrsplätze an der Sekundärbahn thunlichst beschränkt werden könne, was im finanziellen Interesse des Staates besonders wünschenswerth erschien. Dabei kam auch in Betracht, dass bei der verhältnissmässigen Kürze der in Sachsen bestehenden Sekundärbahnlinien die besondere Unterstützung des Zweiggleiswesens schon um deswillen angezeigt erschien, um durch die Erbauung derartiger direkter Gleisverbindungen die Konkurrenz des Privatfuhrwerkes möglichst auszuschliessen, welche sich — wenn zwischen der Bahn und dem betreffenden Etablissement erst noch ein Achstransport der Güter nöthig ist — besonders auf den kürzeren Linien immerhin fühlbar macht.

Die Zweiggleise, welche bisher an den einzelnen Sekundärbahnen Sachsens entstanden sind, verfolgen fast ausschliesslich den Zweck, grössere Etablissements, wie Fabriken, Mühlen und Steinbrüche, mit den Bahngleisen zu verbinden. Der Haupttheil derselben zweigt von der freien Strecke ab. Die Zuführung und Abholung der Wagen erfolgt fast ausschliesslich durch die fahrplanmässigen Züge der Sekundärbahnen.

Es sind zur Zeit an derartigen Privatgleisanlagen vorhanden:

Bahnlinien	Anzahl			Gesammtlänge in Metern	Ungefährer Herstellungsaufwand (exkl. der etwaigen Areal-erwerbungskosten). *M.*
	auf freier Strecke	in Bahnhöfen	zusammen		
1. normalspurige:					
Johanngeorgenstadt-Schwarzenbrg.	1	—	1	265	3 500
Pirna-Berggiesshübel	2	4	6	998	29 000
2. schmalspurige:					
Wilkau-Saupersdorf	9	1	10	535	10 200
Hainsberg-Kipsdorf	4	1	5	712	14 325
Döbeln-Oschatz	2	4	6	652	17 200
Radebeul-Radeburg	1	1	2	220	3 900
Klotzsche-Königsbrück	2	1	3	201	2 650
Zittau-Markersdorf	1	1	2	194	3 380

Der durchschnittliche Herstellungspreis beträgt hiernach pro laufendes Meter

an den normalspurigen Sekundärbahnen . . . . 30,00 *M.*
an den schmalspurigen Sekundärbahnen . . . . 20,50 „

Die Herstellung der Zweiggleis- und Weichenanschlussanlagen erfolgt — ebenso wie an den Hauptbahnen — so auch an den Sekundärbahnen lediglich auf Kosten der betreffenden Privaten. Der Bau wird entweder durch Organe der Staatseisenbahnverwaltung oder doch wenigstens unter Aufsicht derselben ausgeführt. Die Bedienung der Weiche liegt ausschliesslich der Bahnverwaltung ob, ihre Benutzung steht unter der Kontrole der letzteren, und sowohl der Gleisinhaber als auch dessen Leute, welche von ihm zu vertreten sind, haben allen Anweisungen der zuständigen Bahnorgane Folge zu leisten. Die Weiche muss stets unter Verschluss gehalten werden, ebenso der an derselben eventuell anzubringende Sperrbaum.

Die Zuführung der Wagen sowie die Abholung derselben geschieht regelmässig in der Weise, dass die beladenen und leeren Wagen von der Eisenbahnverwaltung bis über die Weiche auf das Zweiggleis gebracht und von da wieder abgeholt werden, während die Bewegung der Wagen auf dem Zweiggleise selbst lediglich durch Leute des Zweiggleisinhabers zu bewirken ist. Nach und von dem Zweiggleise werden gewöhnlich nur Wagenladungen befördert. Werden ausnahmsweise auf Verlangen des Gleisinhabers auch Stückgüter übergeführt, so wird hierfür in der Regel dieselbe Zuführungsgebühr erhoben, welche für vollbelastete Wagen zur Erhebung kommt, ohne Rücksicht auf die thatsächliche Belastung des Wagens.

Die Bestimmung der Stunden, in welchen die tägliche Zuführung beziehungsweise Abholung der Wagen nach und von dem Zweiggleise erfolgt, ist ausschliesslich dem Ermessen der Bahnverwaltung vorbehalten; auch kann in der Regel vom Gleisinhaber nur eine einmalige tägliche Zu- und Abführung beansprucht werden. Die Uebergabe und Abnahme der Wagen auf dem Zweiggleise erfolgt unter Zuhilfenahme handlicher Quittungsbücher, die der Bedienstete, welcher den Zug begleitet, bei sich führt. Die Bestellung leerer Wagen zur Beladung hat vorschriftsmässig mindestens zwölf Stunden, bevor dieselben gebraucht werden, zu erfolgen.

Für am Zweiggleise unbetheiligte Personen darf eine Zuführung bez. Abholung von Wagen in der Regel nur mit Genehmigung der oberen Bahnbehörde bewirkt werden. Der Zweiggleisbesitzer haftet auch in derartigen Fällen für Bezahlung der Fracht u. s. w. gerade so, als wenn die Zuführung bez. Abholung für ihn erfolgt wäre. Dagegen hat der Zweiggleisbesitzer zu gestatten, dass sein Gleis, soweit dies ohne Beeinträchtigung des Zweiggleisbetriebes geschehen kann, zur Aushilfe für Zwecke der Staatseisenbahnverwaltung benutzt werde, ohne dass ihm ein Vergütungsanspruch deshalb zuständе.

Die Entladung und Beladung der Wagen muss binnen der im Lokaltarif für die Sächsischen Staatseisenbahnen vorgeschriebenen zwölf- bezw. sechsstündigen Frist bei Vermeidung der dort angedrohten Nachtheile (Entrichtung von Wagenstandgeld) vorgenommen werden. Diese Fristen laufen von dem Augenblicke an, in welchem die Wagen auf das Zweiggleis gestellt wurden, bis dahin, wo sie wieder als zur Abholung bereit angemeldet und an die Weiche gestellt werden.

Für alle, während der Zeit, wo sich die Wagen auf dem Privatgleise befinden, an denselben vorkommenden sowie für die infolge unzweckmässiger Verladung oder sonstiger unpflegsamer Behandlung durch den Gleisinhaber oder durch dessen Leute oder auch durch dritte Personen herbeigeführten Beschädigungen hat der Gleisinhaber einzustehen, und sämmtliche Reparaturkosten zu übertragen. Auch ist für den Fall, dass durch das Vorhandensein des Zweiggleises oder der letzteres mit den Gleisen der Staatsbahn verbindenden Weiche ein Unfall beim Eisenbahnbetriebe veranlasst werden und hierbei ein Schaden an Personen oder Sachen entstehen sollte, für dessen Ersatz die Haftpflicht der Staatseisenbahnverwaltung als der Betriebsunternehmerin nach allgemeinen Rechtsgrundsätzen oder auch nach dem Reichsgesetze vom 7. Juni 1871 (dem sogen. Haftpflichtgesetze) in Anspruch genommen wird, der Inhaber des Zweiggleises gegenüber der Staatseisenbahnverwaltung dermassen ersatzpflichtig, dass er derselben nicht nur den ihr etwa selbst erwachsenen Schaden zu ersetzen, sondern auch den von ihr wegen eines solchen Unfalles an Dritte geleisteten Schadenersatz vollständig zu vergüten verpflichtet ist. Eine Ausnahme hiervon findet nur dann statt, wenn der entstandene Schaden nachweislich auf die Verschuldung der Eisenbahnverwaltung oder ihrer Leute zurückzuführen ist.

Die Gestattung des Weichenanschlusses und der Zweiggleisanlage erfolgt nur unter Vorbehalt eines jederzeit geltend zu machenden Widerrufsrechtes; doch ist dem Gleisinhaber die Zurückziehung der vertragsmässig zugesagten Befugnisse in der Regel zwei Monate vorher durch die Staatseisenbahnverwaltung anzukündigen. Andererseits hat dagegen auch der Gleisinhaber das Recht, seine Befugnisse jederzeit unter ebenmässiger Aufkündigung wieder aufzugeben.

Dabei behält sich die Staatseisenbahnverwaltung stets das Recht vor, in folgenden Fällen den Vertrag ohne vorhergehende Aufkündigung sofort aufzulösen:

a) wenn den in Bezug auf die Weichenanlage und den Gebrauch derselben ertheilten Anordnungen der Bahnverwaltung nicht gehörig Folge geleistet wird,

b) wenn der Zweiggleisbesitzer mit Abführung der ihm vertragsmässig obliegenden Geldleistungen im Rückstande bleibt, oder

c) wenn zu dem Vermögen desselben Konkurs eröffnet werden sollte.

Nach Auflösung des Vertrages wird durch Organe der Staatsbahnverwaltung der auf bahnfiskalischem Areale liegende Theil der Anlage abgebrochen und der frühere Zustand wieder hergestellt. Die hierdurch entstehenden Kosten sind in allen Fällen vom Gleisinhaber zu übertragen.

VIII. Die Ergebnisse des Personen- und Güterverkehrs.

In dem 16 jährigen Zeitraum von 1869 bis mit 1884, für welchen ein zuverlässiges statistisches Material vorliegt, hat die Zunahme des Verkehrs mit dem Wachsthum der Länge der Sächsischen Staatsbahnen ziemlich gleichen Schritt gehalten. Allerdings sind in diesem Zeitraum meist Linien mit geringerem Verkehr — im Vergleich zu den älteren Strecken — gebaut worden, gleichwohl haben diese aber für das Gesammtnetz einen namhaften Verkehrszuwachs mit sich gebracht. Dieser Zuwachs resultirt einestheils aus dem Lokalverkehr der neu hinzugekommenen Strecken, anderntheils aus den Transporten, welche von den neuentstandenen Linien auf das ältere Netz bezw. von diesem auf jene Strecken übergegangen sind. Der befruchtende Einfluss der neuen Linien in dieser letzteren Beziehung musste um so intensiver hervortreten, als die Transporte auf der Bahnlinie, wo sie originirten oder endeten, nachgewiesenermassen im Durchschnitt nur die kürzeren Entfernungen durchliefen, während die längeren Wegestrecken auf die Gesammtheit der übrigen Staatsbahnlinien entfielen.

Infolge des fortschreitenden Ausbaues des Sächsischen Eisenbahnnetzes und der hiermit verbundenen Abkürzung der einzelnen Verkehrsrelationen hat die durchschnittliche Länge der Eisenbahntransporte abgenommen. Es war mithin schon ein beträchtlicher Verkehrszuwachs erforderlich, um den hierdurch bedingten Ausfall in den Einnahmen der Staatsbahnen nicht zur Erscheinung kommen zu lassen. Dabei ist zu berücksichtigen, dass dieser Verkehrszuwachs lediglich bei den eigenen Verkehrsstellen der Sächsischen Staatsbahnen entstanden ist, denn der Durchgangsverkehr hat bei jener Ausgleichung nicht nur nicht mitgewirkt, sondern ist vielmehr schon seit einer Reihe von Jahren infolge der Ablenkung auf nichtsächsische Routen stetig zurückgegangen. So ist der Durchgangsverkehr beispielsweise vom Jahre 1879 bis 1884 von 197,8 auf 140,7 Millionen Tonnenkilometer, also um 57,1 Millionen Tonnenkilometer ge-

sunken. Auch diesen Ausfall hat der Verkehrszuwachs der eigenen Stationen nahezu wieder ersetzt — ein Beweis dafür, dass mit der Erweiterung des Bahnnetzes, selbst durch minder verkehrsreiche Linien, die Entwickelung des Verkehrs — soweit er die eigenen Stationen der Staatsbahnen betrifft — entsprechend zugenommen hat.

Das Verhältniss gestaltet sich im speziellen folgendermassen:

Seit dem Jahre 1869 ist gewachsen

a) die mittlere Bahnlänge von 804 auf 2116 km

oder um 163 Prozent,

b) der Personenverkehr von 192,6 auf 554,2 Millionen Personenkilometer

oder um 188 Prozent

und

c) der Güterverkehr von 325,3 auf 825,6 Millionen Tonnenkilometer

oder um 154 Prozent.

In den hiernach neu hinzugekommenen Linien sind sowohl die normal- als auch die schmalspurigen Sekundärbahnstrecken mit enthalten; ihr Einfluss auf den Gesammtverkehr des Staatsbahnnetzes unterliegt denselben Gesichtspunkten, wie solche bezüglich der neu entstandenen Bahnlinien im allgemeinen zu statuiren waren; infolge der durchschnittlichen kürzeren Entfernung der Sekundärbahnen tritt hier jedoch zumeist die Einwirkung auf den Gesammtverkehr der übrigen Bahnlinien — wie oben beschrieben — besonders auffallend im Verhältniss zum eigenen Lokalverkehr hervor.

In der nachstehenden Uebersicht wird ein Nachweis gegeben über den Personen- und Güterverkehr der im Jahre 1884 voll im Betrieb gewesenen vier Sekundärbahnen unter Vergleichung der Durchschnittsergebnisse mit denen der Gesammtheit der Staatsbahnen:

Personen- und Gepäckverkehr.		Normalspurige Bahnen		Schmalspurige Bahnen		Durchschnittsergebnisse der Gesammtheit der Staatsbahnen
		Pirna-Berggiesshübel	Johanngst.-Schwarzenberg	Wilkau-Saupersdorf	Hainsberg-Kipsdorf	
Absolute Zahlen.						
Beförderte Reisende:						
II. Wagenklasse	Anzahl	8 871	10 257	10 504	26 282	—
III. "	"	96 170	69 008	123 772	185 379	—
zusammen	Anzahl	105 041	79 265	134 276	211 661	—
Extrazüge	Anzahl	—	—	—	2	—
Gepäcküberfrachten	Tonnen	42	56	68	112	—
Hunde	Stück	282	166	270	540	—
Durchschnittsergebnisse.						
Reisende pro Kilometer mittlere Bahnlänge	Anzahl	7 040	4 574	13 361	8 223	10 379
Zurückgelegte Personenkilometer:						
II. Wagenklasse	"	112 053	114 964	72 660	315 066	—
III. "	"	1 068 143	864 469	859 357	2 238 687	—
zusammen	Anzahl	1 180 196	979 433	932 017	2 553 753	—
Personen pro Personenwagenachskilometer	Anzahl	5,39	5,76	3,00	3,88	4,28
Jede Person hat durchfahren:						
II. Wagenklasse	Kilometer	12,63	11,21	6,92	11,99	38,30
III. "	"	11,11	12,53	6,94	12,08	24,24
überhaupt	"	11,24	12,36	6,94	12,07	25,66
Durchschnittlich von jeder Person durchfahrene Strecke in Prozenten der Bahnlänge		75,34	71,32	69,05	46,89	1,23
Personenkilometer pro Kilometer mittlere Bahnlänge		79 102	56 517	92 738	99 213	259 766

Personen- und Gepäckverkehr.		Normalspurige Bahnen		Schmalspurige Bahnen		Durchschnitts-ergebnisse der Gesammtheit der Staatsbahnen
		Pirna-Berggiess-hübel	Johanngst.-Schwarzen-berg	Wilkau-Saupers-dorf	Hainsberg-Kipsdorf	
Personengeldeinnahme:						
II. Wagenklasse . . . . Prozente vom ganzen		13,12	16,58	10,93	17,18	27,04
III. „ „ „ „		86,88	83,42	89,07	82,82	62,88
Personengeldeinnahme pro Person:						
II. Wagenklasse . . . . ℳ.		0,56	0,53	0,32	0,54	2,04
III. „ „		0,34	0,40	0,22	0,37	0,75
überhaupt „		0,36	0,42	0,23	0,39	0,88
Personengeldeinnahme pro Person und Kilometer:						
II. Wagenklasse . . . . ₰		4,41	4,76	4,68	4,55	5,33
III. „ „		3,06	3,18	3,23	3,08	3,11
überhaupt „		3,19	3,37	3,34	3,26	3,44
Einnahme für alle Transporte in Personenwagen:						
pro Personenwagenachskilometer . . . . . . ₰		17,22	19,40	10,01	12,69	14,67
„ Kilometer mittlere Bahnlänge . . . . ℳ.		2525	1903	3097	3247	9212
Einnahme aus dem Gepäckverkehr:						
pro Tonne Gepäcküberfracht . . . . ℳ.		10,70	11,52	6,76	12,31	30,32

Güterverkehr.		Normalspurige Bahnen		Schmalspurige Bahnen		Durch-schnittsergeb-nisse der Gesammtheit der Staatsbahnen
		Pirna-Berggiess-hübel	Johanngst.-Schwarzen-berg	Wilkau-Saupers-dorf	Hainsberg-Kipsdorf	
Absolute Zahlen.			Tonnen			
Befördert wurden						
Eilgut		—	—	—	—	—
Stückgut		2258	4291	6929	3604	—
Wagenladungsgut { Allgemeine Wagenladungsklasse A 1 .		13	328	} 369	10	—
„ „ B .		20	81			—
Spezialtarif A 2		1696	3094	—	—	—
„ I.		1214	1722	4631	4039	—
„ II.		3062	12856	276	1746	—
„ III.		79642	28619	18678	12357	—
Ausnahmetarif 1		283	5297	—	5540	—
„ 2		114	1050	—	—	—
„ 5		14	90	—	—	—
„ 7		2140	—	—	—	—
Frachtpflichtiges Dienstgut (ohne Ermässigung)		41	40	—	—	—
zusammen . .		89897	52468	30883	27296	—
und zwar { im Lokalverkehr der Linie		2966	4104	6240	15097	—
„ übrigen Verkehr		86931	48364	24643	12199	—
			Anzahl			
Fahrzeuge, nicht auf eigenen Rädern laufend		8	5	—	—	—
Pferde { in Güterwagen nach Stück		—	—	—	2	—
{ „ Wagenladungen . .		—	1	—	—	—
Vieh { andere { Grossvieh nach Stück		36	12	2	27	—
lebende { Kleinvieh „ „ . . .		64	192	67	36	—
Thiere { in Wagenladungen		8	25	—	33	—
„ nach Gewicht . . . . . . Tonnen		6	6	25	6	—
Leichen, in gewöhnlichen Personenzügen		1	—	—	1	—
Durchschnittsergebnisse.						
Gütergewicht pro Kilometer mittlere Bahnlänge . . . Tonnen		6025	3028	3073	1060	5255
Vom Gesammtgütergewicht entfallen auf:			Prozent			
Eilgut		2,51	—	—	—	—
Stückgut		2,51	8,18	22,44	13,20	7,86
Wagenladungsgut { Allgemeine Wagenladungsklasse A 1 .		0,01	0,62	} 1,19	0,04	1,63
„ „ B .		0,02	0,15			2,89
Spezialtarif A 2		1,22	5,90	—	—	4,38
„ I.		1,35	3,28	15,00	14,80	8,73
„ II.		3,41	24,50	0,89	6,40	3,11
„ III.		88,59	45,02	60,48	45,27	64,92
Ausnahmetarif 1		0,31	10,10	—	20,29	3,03
„ 2		0,13	2,00	—	—	0,78
„ 5		0,02	0,17	—	—	0,78
„ 7		2,38	—	—	—	0,02
Frachtpflichtiges Dienstgut (ohne Ermässigung)		0,05	0,08	—	—	1,27
Zurückgelegte Tonnenkilometer:			Tonnenkilometer			
Eilgut		—	—	—	—	—
Stückgut		31146	49506	51089	41170	—

Güterverkehr.		Normalspurige Bahnen		Schmalspurige Bahnen		Durchschnittsergebnisse der Gesammtheit der Staatsbahnen
		Pirna-Berggiesshübel	Johanngst. Schwarzenberg	Wilkau-Saupersdorf	Hainsberg-Kipsdorf	
				Tonnenkilometer		
Wagenladungsgut {	Allgemeine Wagenladungsklasse A 1 .	195	5 203	} 2 753	150	—
	„ „ B . .	300	1 130			—
	Spezialtarif A 2 .	12 988	36 045	—	—	—
	„ I.	14 233	23 579	33 526	51 799	—
	„ II.	23 226	134 250	2 590	30 914	—
	„ III.	702 680	236 519	169 124	206 150	—
	Ausnahmetarif 1	3 840	71 531	—	67 302	—
	„ 2	1 671	13 384	—	—	—
	„ 5	210	1 240	—	—	—
	„ 7	32 100	—	—	—	—
Frachtpflichtiges Dienstgut (ohne Ermässigung)		485	720	—	—	—
zusammen		823 074	573 107	259 082	397 485	—
Gesammtlast des Reisegepäcks, der Fahrzeugs- und aussergewöhnlichen Militärtransporte		2 846	4 269	1 386	6 080	—
Gesammtsumme aller Gepäck- und Güterwagenlast		825 920	577 376	260 468	403 565	—
Tonnenkilometer pro Kilometer mittlere Bahnlänge		55 357	33 317	25 917	15 679	393 263
„ Güter- und Gepäckwagen-Achskilometer		2,24	2,00	0,85	0,94	1,81
Transportlänge jeder Tonne:				Kilometer		
Eilgut		—	—			—
Stückgut		13,79	11,54	7,37	11,42	83,80
Wagenladungsgut {	Allgemeine Wagenladungsklasse A 1 .	15,00	15,86	} 7,46	15,00	{ 117,02
	„ „ B . .	15,00	13,95			127,40
	Spezialtarif A 2 .	11,85	11,65	—	—	76,13
	„ I.	11,72	13,69	7,24	12,82	85,62
	„ II.	7,59	10,44	9,38	17,71	85,12
	„ III.	8,82	10,01	9,05	16,68	67,82
	Ausnahmetarif 1	13,57	13,50	—	12,15	96,46
	„ 2	14,66	12,75	—	—	90,53
	„ 5	15,00	13,78	—	—	46,89
	„ 7	15,00	—	—	—	168,00
Frachtpflichtiges Dienstgut (ohne Ermässigung)		11,83	18,00	—	—	19,50
Gut überhaupt		9,16	10,92	8,39	14,56	74,25
Die durchschnittliche Transportstrecke jeder Tonne Gut überhaupt betrug von der Bahnlänge		61,39	63,01	Prozente 83,48	56,57	3,51
Von der Güterfracht-Einnahme entfallen auf:						
Eilgut		—	—			—
Stückgut		8,01	19,98	39,89	23,35	23,89
Wagenladungsgut {	Allgemeine Wagenladungsklasse A 1 .	0,04	1,26	} 1,38	0,05	{ 3,94
	„ „ B . .	0,04	0,22			6,26
	Spezialtarif A 2 .	1,74	7,15	—	—	5,65
	„ I.	1,79	4,60	14,11	13,04	10,87
	„ II.	3,27	22,58	0,91	7,06	3,23
	„ III.	82,20	31,98	43,71	40,49	41,02
	Ausnahmetarif 1	0,30	10,08	—	16,01	3,09
	„ 2	0,17	1,90	—	—	0,86
	„ 5	0,02	0,15	—	—	0,44
	„ 7	2,36	—	—	—	0,03
Frachtpflichtiges Dienstgut (ohne Ermässigung)		0,06	0,10	—	—	0,33
Güterfrachteinnahme pro Tonne:				Mark		
Eilgut		—	—			—
Stückgut		2,57	2,39	2,58	3,01	11,03
Wagenladungsgut {	Allgemeine Wagenladungsklasse A 1	2,03	1,98	} 1,68	2,13	{ 8,77
	„ „ B . .	1,59	1,42			7,87
	Spezialtarif A 2 .	1,15	1,19	—	—	4,69
	„ I.	1,07	1,37	1,36	1,50	4,52
	„ II.	0,78	0,90	1,48	1,88	3,77
	„ III.	0,75	0,69	1,05	1,52	2,29
	Ausnahmetarif 1	0,78	0,98	—	1,34	3,70
	„ 2	1,10	0,93	—	—	4,01
	„ 5	0,88	0,86	—	—	2,04
	„ 7	0,80	—	—	—	5,20
Frachtpflichtiges Dienstgut (ohne Ermässigung)		1,02	1,23	—	—	0,94
Gut überhaupt		0,81	0,98	1,45	1,70	3,63
Güterfrachteinnahme pro Tonnenkilometer:				Pfennige		
Eilgut		—	—			—
Stückgut		18,66	20,71	34,95	26,37	13,16
Wagenladungsgut {	Allgemeine Wagenladungsklasse A 1	13,54	12,46	} 22,48	14,17	{ 7,50
	„ „ B . .	10,58	10,15			6,17
	Spezialtarif A 2 .	9,74	10,18	—	—	6,15
	„ I.	9,15	10,00	18,84	11,70	5,28
	„ II.	10,22	8,63	15,75	10,61	4,43
	„ III.	8,49	6,94	11,57	9,13	3,38
	Ausnahmetarif 1	5,72	7,24	—	11,06	3,84
	„ 2	7,53	7,30	—	—	4,43
	„ 5	5,86	6,27	—	—	4,36
	„ 7	5,33	—	—	—	3,10
Frachtpflichtiges Dienstgut (ohne Ermässigung)		8,62	6,86	—	—	4,83
Gut überhaupt		8,82	8,95	17,28	11,70	4,89

Güterverkehr.	Normalspurige Bahnen		Schmalspurige Bahnen		Durchschnittsergebnisse der Gesammtheit der Staatsbahnen
	Pirna-Berggiesshübel	Johanngst.-Schwarzenberg	Wilkau-Saupersdorf	Hainsberg-Kipsdorf	
Einnahme-Gesammtsumme für alle Transporte in Gepäck- und Güterwagen					
pro Kilometer mittlere Bahnlänge . . . . . . Mark	4 926	3 043	4 531	1 887	19 870
pro Güter- und Gepäckwagen-Achskilometer . Pfennige	19,95	18,30	14,90	11,32	9,15

Bei der Wilkau-Saupersdorfer Linie war der Personenverkehr ziemlich dicht; er betrug pro Kilometer Bahn durchschnittlich 13 361 Reisende; bei der Gesammtheit der Staatsbahnen dagegen nur 10 379, bei der Pirna-Berggiesshübler Linie 7 040, bei der Johanngeorgenstadt-Schwarzenberger 4 574 und bei der Hainsberg-Kipsdorfer Linie 8 223 Reisende.

Auf den beiden normalspurigen Sekundärbahnen waren die bewegten Personenwagenplätze scheinbar am stärksten besetzt. Auf jedes Personenwagenachskilometer kamen durchschnittlich Personen:

bei der Johanngeorgenstadt-Schwarzenberger
Linie 5,76
„ „ Pirna-Berggiesshübler Linie 5,39
„ „ Gesammtheit der Staatsbahnen 4,28
„ „ Wilkau-Saupersdorfer Linie . . . . . . 3,00 und
„ „ Hainsberg-Kipsdorfer „ 3,88

Nach diesem Ausweise möchte man annehmen, als sei die Ausnutzung der bewegten Personenwagenplätze auf den beiden normalspurigen Sekundärbahnen am grössten gewesen; sie war aber, wie weiter unten nachgewiesen wird, auf diesen Bahnen am geringsten. Der Grund liegt in der grösseren Verschiedenheit der Platzzahl pro Achse; diese betrug durchschnittlich:

bei den Staatsbahnen überhaupt 18,132
„ der Pirna-Berggiesshübler Linie 25,167
„ „ Johanngeorgenstadt-Schwarzenberger
Linie sogar 26,833
„ „ Wilkau-Saupersdorfer Linie 10,625
„ „ Hainsberg-Kipsdorfer Linie 10,380

Bei der Hainsberg-Kipsdorfer Linie drängt sich ein starker Personenverkehr auf der an die Hauptbahn angrenzenden kurzen Strecke bis Rabenau zusammen. Durch die grössere Länge der Linie im Vergleich zu den übrigen drei wird der Frequenzdurchschnitt pro Kilometer erheblich abgeschwächt; jeder Reisende durchfuhr auf ihr nur 46,89 pCt. der Bahnlänge, bei den übrigen drei kürzeren Sekundärbahnen dagegen 75,34, 71,32 und 69,05 pCt.

Die Ausnutzung der bewegten Personenwagenplätze war bei den Schmalspurbahnen grösser, als bei der Gesammtheit der Staatsbahnen; sie betrug bei der Hainsberg-Kipsdorfer Linie 37,38, bei der Wilkau-Saupersdorfer Linie 28,24 pCt. Die Ausnutzung bei den normalspurigen beiden Sekundärbahnen Pirna-Berggiesshübel und Johanngeorgenstadt-Schwarzenberg mit 21,42 und 21,47 pCt. steht unter dem allgemeinen Durchschnitt des gesammten Staatsbahnnetzes von 23,60 pCt.

Das durchschnittliche Eigengewicht der Personenwagen pro Platz ist bei den Primärbahnen rund doppelt so gross als bei den Sekundärbahnen; es beträgt

bei den Primärbahnen . . . . 0,21 t
„ der Pirna-Berggiesshübel Linie . . . . . 0,10 „
„ „ Johanngeorgenstadt-Schwarzenberger
Linie . . . . 0,10 „
„ „ Wilkau-Saupersdorfer Linie . . . . . 0,12 „
„ „ Hainsberg-Kipsdorfer „ . . . . . 0,11 „

Die Einnahmen pro Person und Kilometer sind bei allen vier Sekundärbahnen ziemlich gleich und stehen auch dem allgemeinen Durchschnitt für die Gesammtheit der Staatsbahnen ziemlich nahe; sie betrugen durchschnittlich:

bei der Gesammtheit der Staatsbahnen . . . . 3,44 ₰
„ „ Pirna-Berggiesshübler Linie . . . . 3,19 „

bei der Johanngeorgenstadt-Schwarzenberger
Linie . . . . 3,37 ₰
„ „ Wilkau-Saupersdorfer Linie . . . . . 3,34 „
„ „ Hainsberg-Kipsdorfer Linie . . . . . 3,26 „

Dass das Erträgniss bei den Sekundärbahnen trotz der Tarifgleichheit durchgehends etwas geringer war, als bei der Gesammtheit der Staatsbahnen, beruht in der verhältnissmässig geringeren Benutzung der zweiten und in dem Mangel der ersten Wagenklasse. Von der Billetgeldeinnahme kamen auf die

	II. Wagenklasse pCt.	III. Wagenklasse pCt.
bei den Staatsbahnen überhaupt	27,04	62,88
„ der Pirna-Berggiesshübler Linie . .	13,12	86,88
„ „ Johanngeorgenstadt-Schwarzenberger Linie . .	16,58	83,42
„ „ Wilkau-Saupersdorfer Linie . .	10,93	89,07
„ „ Hainsberg-Kipsdorfer Linie . .	17,18	82,82

Mit der weiter oben nachgewiesenen Verschiedenheit der Platzzahl pro Personenwagenachse steht auch die Verschiedenheit der auf letztere berechneten Einnahmen der einzelnen Linien in ursächlichem Zusammenhange und da auf den beiden normalspurigen Sekundärbahnen die Anzahl der Plätze pro Achse am grössten ist, so müssen bei diesen auch die hierauf berechneten Einnahmen am höchsten sein; sie betrugen pro Personenwagenachskilometer:

bei den Staatsbahnen überhaupt . . . . . . 14,67 ₰
„ der Pirna-Berggiesshübler Linie . . . . . 17,22 „
„ „ Johanngeorgenstadt-Schwarzenberger
Linie . . . . 19,40 „
„ „ Wilkau-Saupersdorfer Linie . . . . 10,01 „
„ „ Hainsberg-Kipsdorfer Linie . . . . 12,69 „

bei letzterer so hoch vorzugsweise infolge der starken Ausnutzung der Wagenplätze zu 37,38 pCt.

Im Güterverkehr stehen sich hinsichtlich der Dichtigkeit die Johanngeorgenstadt-Schwarzenberger und Wilkau-Saupersdorfer Linie sehr nahe; auf der Hainsberg-Kipsdorfer Bahn ist sie dreimal geringer, als auf den beiden zuerst genannten; diese werden aber wieder an Dichtigkeit um das Doppelte übertroffen von dem Güterverkehr der Pirna-Berggiesshübler Linie. Ueber jedes Kilometer Bahn wurden durchschnittlich transportirt:

auf der Pirna-Berggiesshübler Linie . . . . 6 025 t
„ „ Johanngeorgenstadt-Schwarzenberger
Linie . . . . 3 028 „
„ „ Wilkau-Saupersdorfer Linie . . . 3 073 „
„ „ Hainsberg-Kipsdorfer Linie . . . 1 060 „
„ den Staatsbahnen überhaupt . . . 5 255 „

Bei den schmalspurigen Bahnen fällt ein grösserer Prozentantheil der beförderten Gütermasse auf die höher tarifirten Stückgüter.

Von der Gesammtheit der transportirten Gütermasse kommen:

	auf Stückgüter pCt.	auf Wagenladungsgüter pCt.
bei den Staatsbahnen überhaupt . .	7,86	92,14
„ der Pirna-Berggiesshübler Linie	2,51	97,49
„ „ Johanngeorgenstadt-Schwarzenberger Linie .	8,18	91,82

bei der Wilkau-Saupersdorfer Linie . 22,44   77,56

" " Hainsberg-Kipsdorfer Linie . 13,20   86,80

Im Zusammenhange damit steht auch die Zusammensetzung der Frachteinnahme. Von der Gesammtfrachteinnahme entfielen:

	auf Stück- güter pCt.	auf Wagen- ladungsgüter pCt.
bei den Staatsbahnen überhaupt . .	23,89	76,11
" der Pirna-Berggiesshübler Linie	8,01	91,99
" " Johanngeorgenstadt- Schwarzenberger Linie .	19,98	80,02
" " Wilkau-Saupersdorfer Linie .	39,89	60.11
" " Hainsberg-Kipsdorfer Linie .	23,35	76,65

Das Ergebniss der Hainsberg-Kipsdorfer Bahn, welches dem allgemeinen Durchschnitt nahe kommt, ist im Vergleich zum Gewichtsverhältniss ungünstiger, weil das Stückgut auf dieser Linie nur kurze Wegstrecken im Vergleich zur Bahnlänge zurückgelegt hat. Die Gesammtgütermasse hat durchschnittlich 56,57 pCt. der Länge dieser Linie durchfahren, das Stückgut dagegen nur 44,36 pCt. Im allgemeinen findet gerade das umgekehrte Verhältniss statt, da das Stückgut im Durchschnitt auf grössere Entfernungen befördert wird als die Wagenladungsgüter.

Die grössere Einnahme bei der Johanngeorgenstadt-Schwarzenberger Linie in der Spezialtarifklasse II gegenüber den übrigen Linien beruht auf dem stärkeren Holztransport.

Der Gütertransport auf den beiden normalspurigen Bahnen Pirna-Berggiesshübel und Johanngeorgenstadt-Schwarzenberg erfolgt in Güterwagen der Hauptbahnen. Die Tragfähigkeit der Güterwagen pro Achse beträgt durchschnittlich:

bei den Staatsbahnen überhaupt . . . . 4,24 t

" der Wilkau-Saupersdorfer Linie . . . . . . 2,45 "

" " Hainsberg-Kipsdorfer Linie . . . . . . 2,50 "

Durchschnittlich waren die Achsen belastet:

bei den Staatsbahnen überhaupt . . . . . mit 1,81 t

" der Pirna-Berggiesshübler Linie . . . . . " 2,24 "

" " Johanngeorgenstadt-Schwarzenberger Linie . . . . 2,00 "

" " Wilkau-Saupersdorfer Linie . . . . . . " 0,85 "

" " Hainsberg-Kipsdorfer Linie . . . . . . " 0,94 "

Hieraus berechnet sich eine Ausnutzung der bewegten Tragfähigkeit von

42,69 pCt bei den Staatsbahnen überhaupt,

52,83 " " der Pirna-Berggiesshübler Linie,

47,17 " " " Johanngeorgenstadt-Schwarzenberger Linie,

34,69 " " Wilkau-Saupersdorfer Linie und

37,60 " " Hainsberg-Kipsdorfer Linie.

Die Gütertransporte durchfuhren durchschnittlich von der Länge der Bahn

61,39 pCt. bei der Pirna-Berggiesshübler Linie,

63,01 " " Johanngeorgenstadt-Schwarzenberger Linie,

83,48 " " Wilkau-Saupersdorfer Linie und

56,57 " " Hainsberg-Kipsdorfer Linie.

Die durchschnittliche Einnahme aus allen Güterklassen betrug pro Tonne und Kilometer:

4,89 ₰ bei den Staatsbahnen überhaupt,

8,82 " " der Pirna-Berggiesshübler Linie,

8,95 " " " Johanngeorgenstadt-Schwarzenberger Linie,

17,28 " " " Wilkau-Saupersdorfer Linie und

11,70 " " " Hainsberg-Kipsdorfer Linie.

Der hohe Ertrag bei der Wilkau-Saupersdorfer Linie entstammt dem ausserordentlich starken Stückgutverkehre.

Von der Gepäck- und Güterfrachteinnahme entfielen auf jedes Gepäck- und Güterwagenachskilometer:

9,15 ₰ bei den Staatsbahnen überhaupt,

19,95 " " der Pirna-Berggiesshübler Linie,

18,30 ₰ bei den Johanngeorgenstadt-Schwarzenberger Linie,

14,90 " " " Wilkau-Saupersdorfer Linie und

11,32 " " " Hainsberg-Kipsdorfer Linie.

Bei der Pirna-Berggiesshübler und Johanngeorgenstadt-Schwarzenberger Linie war, wie schon oben nachgewiesen ist, die Ausnutzung der Tragfähigkeit wesentlich grösser als bei den Staatsbahnen überhaupt, woraus sich zum Theil auch der höhere Ertrag pro Achse ergiebt. Ausserdem kommt bei den Sekundärbahnen noch der Umstand in Betracht, dass die Expeditionsgebühr infolge der kürzeren Bahnlänge mehr zur Wirkung gelangt als bei den Hauptbahnen. Auf die spezifisch höhere Einnahme der Schmalspurbahnen wirken auch die für die Umladung erhobenen Gebühren mit, welchen allerdings auch wieder eine entsprechende Ausgabe gegenübersteht. Der höhere Ertrag bei der Wilkau-Saupersdorfer Linie, im Vergleich zu dem auf der Hainsberg-Kipsdorfer, findet seine Begründung wiederum in dem guten Stückgutverkehr.

Das Eigengewicht der Güterwagen pro Achse beträgt durchschnittlich

bei den Staatsbahnen überhaupt . . . . 2.57 t

" der Wilkau-Saupersdorfer Linie . . . . . 1,03 "

" " Hainsberg-Kipsdorfer Linie . . . . . 1,11 "

Zur Beurtheilung der sogenannten todten Last wird in folgendem gegenübergestellt

	die Taralast und Nutzlast pro Achse	
	t	t
bei den Staatsbahnen überhaupt . . .	2,57	1,81
" der Pirna-Berggiesshübler Linie .	2,57	2,24
" " Johanngeorgenstadt- Schwarzenberger Linie . .	2,57	2,00
" " Wilkau-Saupersdorfer Linie .	1,03	0,85
" " Hainsberg-Kipsdorfer Linie .	1,11	0,94

Die Taralast übersteigt die Nutzlast pro Achse

bei den Staatsbahnen überhaupt . . . . . um 0,76 t

" der Pirna-Berggiesshübler Linie . . . . . " 0,33 "

" " Johanngeorgenstadt-Schwarzenberger Linie . . . . " 0,57 "

" " Wilkau-Saupersdorfer Linie . . . . . " 0,18 "

" " Hainsberg-Kipsdorfer Linie . . . . . " 0,17 "

Der Güterverkehr bei den einzelnen Verkehrsstellen der vier älteren Sekundärbahnen hat in den Jahren 1883 und 1884 den aus nachstehender Tabelle ersichtlichen Umfang gehabt. Hierbei ist der Abgangs- und Ankunftsverkehr in eine Ziffer zusammengefasst worden. In dieser Tabelle ist gleichzeitig ein Nachweis über die Anzahl derjenigen Verkehrsstellen der Sächsischen Staatsbahnen gegeben, mit welchen die Verkehrsstellen der vier Sekundärbahnen im Jahre 1884 in Verbindung gestanden haben, um damit die Ausbreitung ihrer Verkehrsbeziehungen zu charakterisiren.

Bezeichnung der Verkehrsstellen	Beförderte Güter		Anzahl der Verkehrs- stellen der Sächsischen Staatsbahnen, mit denen die nebenstehenden im Jahre 1884 in Verbin- dung gestanden haben und zwar:	
	1883 t	1884 t	im Abgangs- verkehre	im Ankunfts- verkehre
Pirna-Berg-giesshübler Linie Rottwerndorf . . .	61 967	64 439	182	66
Neundorf	648	703	43	43
Cotta	494	163	1	—
Langenhennersdorf .	2 782	2 775	69	77
Berggiesshübel . .	20 098	22 070	202	157
Johanngst.-Schwarzenberg. Linie Erla		15 340	188	127
Antonsthal . . .	d. 20. 9. 1883 er- öffnet	6 570	82	69
Breitenhof . . .		9 723	119	110
Erlabrunn . . .		8 434	51	50
Johanngeorgenstadt		12 663	149	180

	Bezeichnung der Verkehrsstellen	Beförderte Güter 1883 t	Beförderte Güter 1884 t	Anzahl der Verkehrsstellen der Sächsischen Staatsbahnen, mit denen die nebenstehenden im Jahre 1884 in Verbindung gestanden haben und zwar: im Abgangsverkehre	im Ankunftsverkehre
	Cunnersdorf	691	262	37	48
	Kirchberg	17 067	19 749	213	227
Wilkau-Saupersdorfer Linie	Saupersdorf (Steinversand)	5 013	5 729	16	—
	Saupersdorf	4 456	5 207	132	141
	Rabenau	5 583	8 170	155	107
	Spechtritz	76	113	19	18
	Seifersdorf	1 426	1 744	32	51
	Malter	524	395	16	20
Hainsberg-Kipsdorfer Linie	Dippoldiswalde . .	7 594	6 920	169	186
	Ulberndorf . . .	711	188	26	16
	Obercarsdorf . . .	612	416	21	24
	Naundorf	643	332	74	55
	Schmiedeberg . . .	5 788	6 851	95	109
	Buschmühle . . .	d. 3. 9. 1883 eröffnet	114	19	18
	Kipsdorf		2 747	73	102

Für den Personenverkehr war ein gleicher Nachweis nicht möglich, weil die Billets, auf welche sich derselbe gründen müsste, vielfach auf mehrere Stationen und Haltestellen lauten.

Die nachstehende Tabelle mit zugehöriger graphischer Darstellung giebt ein Bild über die Frequenz der einzelnen Bahnstrecken.

Personen- und Güterverkehr über jeden Punkt der Bahn im Jahre 1884.

Bahnabschnitt.	Personenanzahl in beiden Richtungen zusammen	Stückgüter t	Wagenladungsgüter t	zusammen t	Stückgüter t	Wagenladungsgüter t	zusammen t	Summe der Güter in beiden Richtungen t	Durchschn. pro km Betriebslänge t
Pirna-Berggiesshübel.		Richtung Pirna-Berggiesshübel			Berggiesshübel-Pirna				
Pirna Station-Pirna Haltest.	64 326	852	10 695	11 547	1 378	76 718	78 096	89 643	44 822
Pirna Haltest.-Rottwerndorf	92 930	852	10 695	11 547	1 378	76 718	78 096	89 643	29 281
Rottwerndorf-Neundort	76 785	791	8 992	9 783	1 225	14 313	15 538	25 321	21 642
Neundorf-Cotta	69 739	763	8 792	9 555	1 220	13 848	15 068	24 623	27 058
Cotta-Langenhennersdorf	69 739	766	8 953	9 719	1 220	13 848	15 068	24 787	7 869
Langenhennersdorf-Berggiesshübel	55 920	612	7 486	8 098	1 129	13 576	14 705	22 803	6 973
Johanngeorgenstadt-Schwarzenberg.		Richtung Johanngeorgenstadt-Schwarzenberg			Schwarzenberg-Johanngeorgenstadt				
Johanngeorgenstadt-Erlabrunn	48 234	606	1 229	1 835	4 297	6 531	10 828	12 663	3 066
Erlabrunn-Breitenhof	48 031	657	1 338	1 995	11 843	7 258	19 101	21 096	7 249
Breitenhof-Antonsthal	54 749	821	1 714	2 535	17 567	10 514	28 081	30 616	8 723
Antonsthal-Erla	57 525	935	1 840	2 775	22 556	11 851	34 407	37 182	10 187
Erla-Schwarzenberg-Haltestelle	58 276	2 189	2 042	4 231	25 833	22 144	47 977	52 208	33 407
Schw. Haltest.-Schwarzenb. Stat.	43 908	2 189	2 042	4 231	25 833	22 144	47 977	52 208	33 254
Wilkau-Saupersdorf.		Richtung Wilkau-Saupersdorf			Saupersdorf-Wilkau				
Wilkau Station-Wilkau Haltest.	126 451	4 868	14 480	19 348	2 014	9 459	11 473	30 821	27 519
Wilkau Haltest.-Culitzsch		4 868	14 480	19 348	2 014	9 459	11 473	30 821	15 806
Culitzsch-Cunnersdorf		4 868	14 480	19 348	2 014	9 459	11 473	30 821	21 859
Cunnersdorf-Kirchberg, Station	119 821	4 698	14 450	19 148	2 004	9 459	11 463	30 611	15 154
Kirchberg Stat.-Kirchberg Haltest.	17 483	576	3 378	3 954	240	6 742	6 982	10 936	10 936
Kirchb. Haltest.-Saupersdorf Ladest.	13 357	576	3 378	3 954	240	6 742	6 982	10 936	7 982
Saup. Ladest.-Saupersdorf Bahnh.		576	3 378	3 954	240	1 013	1 253	5 207	4 413
Hainsberg-Kipsdorf.		Richtung Hainsberg-Kipsdorf			Kipsdort-Hainsberg				
Hainsberg-Cossmannsdorf	140 420	1 450	15 653	17 103	2 029	7 375	9 404	26 507	25 245
Cossmannsdorf Rabenau		1 450	15 653	17 103	2 029	7 375	9 404	26 507	6 867
Rabenau-Spechtritz	115 922	1 146	10 326	11 472	754	7 091	7 845	19 317	12 149
Spechtritz-Seifersdorf		1 135	10 301	11 436	735	7 051	7 786	19 222	9 197
Seifersdorf-Malter	110 658	1 044	8 998	10 042	707	6 776	7 483	17 525	7 095
Malter-Dippoldiswalde	109 109	1 037	8 736	9 773	697	6 661	7 358	17 131	4 909
Dippoldiswalde-Ulberndorf	82 198	468	3 867	4 335	286	6 005	6 291	10 626	4 320
Ulberndorf-Obercarsdorf		463	3 707	4 170	279	5 990	6 269	10 439	8 285
Obercarsdorf-Naundorf		440	3 511	3 951	262	5 810	6 072	10 023	4 515
Naundorf-Schmiedeberg	75 564	405	3 316	3 721	212	5 758	5 970	9 691	11 537
Schmiedeberg-Buschmühle	41 186	140	987	1 127	71	1 664	1 735	2 862	1 684
Buschmühle-Kipsdorf		125	982	1 107	52	1 588	1 640	2 747	1 014

Der Personen- und Güterverkehr
im Jahre 1884.

Pirna-Berggiesshübel.

Pirna Station

Pirna Haltestelle

Rottwerndorf
Neundorf
Cotta

Langenhennersdorf

Berggiesshübel

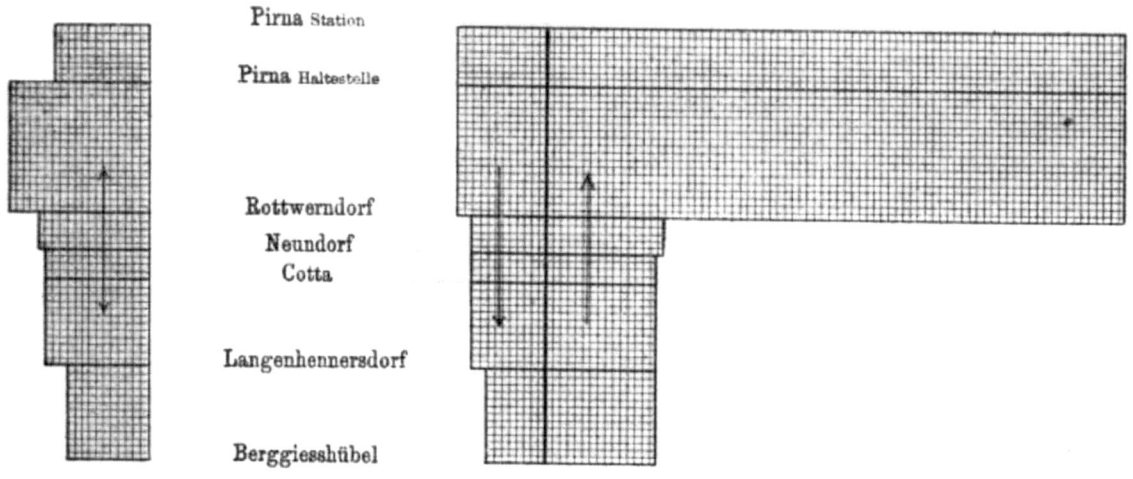

Johanngeorgenstadt-Schwarzenberg.

Johanngeorgenstadt

Erlabrunn

Breitenhof

Antonsthal

Erla

Schwarzenberg Haltestelle

Schwarzenberg Station

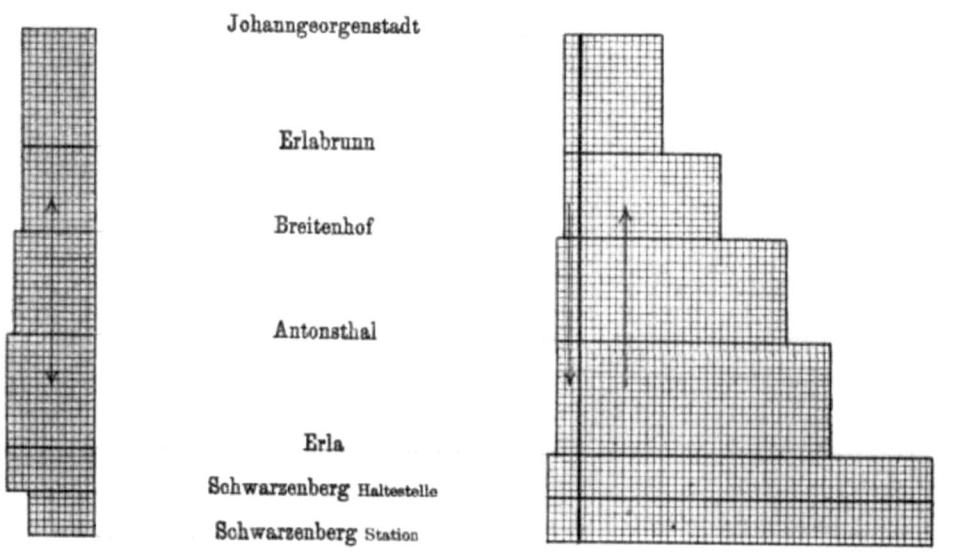

Farben-Erklärung:

Personenverkehr	Güterverkehr

Massstab: 1 Millimeter = 5000 Personen oder 1000 Tonnen Güter.
    4   „   = 1 Kilometer Bahnlänge.

Der Personen- und Güterverkehr
im Jahre 1884.

Wilkau-Saupersdorf.

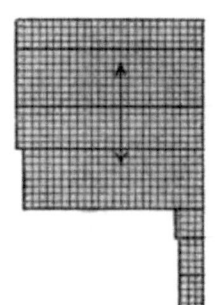

Wilkau Station
Wilkau Haltestelle

Culitzsch

Cunnersdorf

Kirchberg Station
Kirchberg Haltestelle
Saupersdorf Ladestelle
Saupersdorf Bahnhof

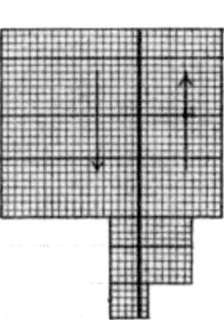

Hainsberg-Kipsdorf.

Hainsberg
Cossmannsdorf

Rabenau

Spechtritz

Seifersdorf

Malter

Dippoldiswalde

Ulberndorf
Obercarsdorf

Naundorf
Schmiedeberg

Buschmühle

Kipsdorf

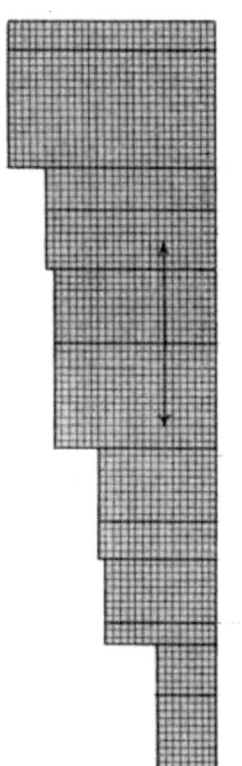

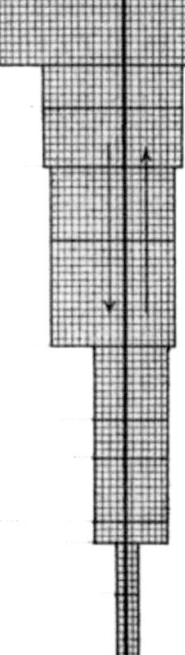

Farben-Erklärung:

Personenverkehr	Güterverkehr

Bei der Verkehrsdarstellung wird nur der Güterverkehr nach beiden Richtungen unterschieden, weil die Frequenzergebnisse je nach der Richtung sehr von einander abweichen können. Beim Personenverkehre beeinflussen die vorherrschenden Tagesbillets beide Richtungen gleichmässig, so dass im allgemeinen zwischen beiden kein so bedeutender Unterschied besteht. Deshalb sind die Personenverkehrsergebnisse beider Richtungen im Zusammenhange dargestellt worden.

Bei der Pirna-Berggiesshübler Linie war der Personen- und Güterverkehr auf der Strecke zwischen Pirna und Rottwerndorf am stärksten mit 92 930 Personen und 89 643 Tonnen Güter in beiden Richtungen zusammen. Der Güterverkehr stufte sich in der Richtung von Pirna nach Berggiesshübel von 11 547 auf 8098 Tonnen ab. In der umgekehrten Richtung begann er in Berggiesshübel mit 14 705 Tonnen und endete in Pirna mit 78 096 Tonnen. Den grössten Zuwachs erhielt der Güterstrom in Rottwerndorf im Umfange von 62 558 Tonnen.

Auf der Johanngeorgenstadt-Schwarzenberger Linie war der Personenverkehrsstrom ziemlich gleichmässig. Der geringste Personenverkehr fiel auf die Strecke zwischen Schwarzenberg Haltestelle und Schwarzenberg Station, über welche 43 908 Personen gefahren sind. Die stärkste Frequenz fand auf der Strecke zwischen Erla und Schwarzenberg Haltestelle mit 58 276 Personen statt. Der Güterverkehr begann in Schwarzenberg mit 47 977 Tonnen und verminderte sich in ziemlich gleichmässigen Abstufungen an den Zwischenstationen bis Johanngeorgenstadt auf 10 828 Tonnen. In der Richtung von Johanngeorgenstadt nach Schwarzenberg war der Güterstrom im Vergleich zur Gegenrichtung schwach und wenig abstufend; er begann in Johanngeorgenstadt mit 1835 Tonnen und endete in Schwarzenberg mit 4231 Tonnen. In beiden Richtungen zusammen fiel der stärkste Güterverkehr auf die Bahnstrecke zwischen Erla und Schwarzenberg Station mit 52 208 Tonnen.

Die Wilkau-Saupersdorfer Linie hatte zwischen Wilkau und Kirchberg einen starken und ziemlich gleichmässigen Personenverkehr; er betrug zwischen Wilkau und Cannersdorf 126 451 Personen und zwischen Cunnersdorf und Station Kirchberg 119 821 Personen. Auf der Strecke zwischen Kirchberg Station und Kirchberg Haltestelle sank er auf nur 17 483 Personen. Die Endstrecke zwischen Kirchberg Haltestelle und Saupersdorf frequentirten nur 13 357 Personen. Der Güterverkehr in der Richtung von Wilkau nach Kirchberg mit 19 348 t war stärker als in der Gegenrichtung mit 11 473 t. Auch im Güterverkehr war die Strecke Kirchberg-Saupersdorf schwach; es entfielen auf dieselbe nur 3 954 t. In der umgekehrten Richtung begann der Güterstrom in Saupersdorf sogar nur mit 1 253 t. An der Steinverladestelle in Saupersdorf setzten sich 5 729 t an; bis Kirchberg hatte der Verkehr alsdann einen Umfang von 6 982 t.

Der Verkehr der Hainsberg-Kipsdorfer Linie läuft — ebenso wie bei der Wilkau-Saupersdorfer Linie — nach dem Endpunkte Kipsdorf schwach aus. Ein ausserordentlich starker Personenverkehr fiel auf die Strecke zwischen Hainsberg und Rabenau mit 140 490 Personen. Bis Dippoldiswalde war der Verkehrsstrom noch 109 109 Personen stark; nach Kipsdorf verflachte er sich zu 41 186 Personen. Der Güterverkehr war in der Richtung von Hainsberg stärker als umgekehrt. In Hainsberg begann er mit 17 103 t; in Rabenau verlor er 5 631 t; in Dippoldiswalde war er noch 9 773 t stark, fiel dort auf 4 335 t und verlief bis Kipsdorf bis zu 1 107 t. In der umgekehrten Richtung begann er in Kipsdorf mit 1 640 t, wuchs in Schmiedeberg auf 5 970 t, in Dippoldiswalde auf 7 358 t und in Rabenau auf 9 404 t, in welchem Umfange er in Hainsberg eintraf.

IX. Die finanziellen Ergebnisse.

Der wirthschaftliche Erfolg der Eisenbahnen hängt, wie derjenige aller andern Unternehmungen, bekanntlich ab von der Zusammenwirkung der Erträgnisse und der Bedürfnisse ihres Betriebs.

Der Umfang dieses Erfolgs, welchem als Betriebsgewinn die Verzinsung des Anlagekapitals obliegt, wird beeinflusst durch die günstigere oder ungünstigere Einwirkung der beiden genannten Faktoren auf das Endergebniss.

Nicht bei allen Linien des Sächsischen Bahnnetzes wird ein Ueberschuss erzeugt, es giebt darunter auch Bahnen, selbst aus früheren Bauperioden, deren Einnahmen die Kosten ihres Betriebs nicht decken; abgesehen von der Zahl derjenigen Linien, die ihr Anlagekapital nur schwach verzinsen. Die Entwickelungsgeschichte der Sächsischen Staatseisenbahnen im allgemeinen zeigt, dass namentlich die in den neueren Jahren erbauten Hauptbahnen ihrer Mehrzahl nach zu den vorgenannten gehören. Zur Hebung des Handels und der Industrie sowie im Interesse möglichster Gleichstellung aller Landestheile betreffs der Produktionsfähigkeit sind Eisenbahnen auch in solchen Gegenden erbaut worden, in welchen ein rentabler Verkehr zunächst nicht vorauszusetzen war.

Durch die Vereinfachung des Betriebs auf den Sekundärbahnen und durch die Beschränkung aller Ausgaben auf das zulässig geringste Mass suchte man zunächst überhaupt einen Ueberschuss zu erlangen und denselben durch ein günstiges Zusammenwirken der massgebenden Faktoren möglichst vortheilhaft zu gestalten. Infolge dessen ist es auch gelungen, bei allen bisher in Betrieb gesetzten Sekundärbahnen, je nach der verschiedenen Ertragsfähigkeit derselben, ein grösseres oder kleineres Plus über die Betriebskosten zu erlangen.

Die normalspurige Pirna-Berggiesshübler Sekundärbahn liefert einen sehr hohen Ueberschuss; er betrug im vergangenen Jahre 67,18 pCt. der Gesammteinnahme und verzinste das Anlagekapital mit 10,13 pCt. Dagegen verzinste der schwache Verkehr auf der zweiten normalspurigen Sekundärbahn Johanngeorgenstadt-Schwarzenberg deren Anlagekapital nur gering (1,17 pCt.). Dieser Unterschied ist allerdings zum Theil auch darauf zurückzuführen, dass das Anlagekapital der Johanngeorgenstadt-Schwarzenberger Linie sich pro Kilometer mehr als noch einmal so hoch stellt, als dasjenige der Pirna-Berggiesshübler Linie (näheres hierüber siehe Abschnitt III).

Zieht man dagegen weiter die Gesammtheit der schmalspurigen Bahnen für sich in Betracht, so ergiebt sich, dass der Ueberschuss derselben im Mittel deren Anlagekapital, wenn auch nicht in derselben Höhe, wie es beim Gesammtnetze der Sächsischen Staatsbahnen der Fall ist (im Jahre 1884 4,57 pCt.), so doch immer nicht schlecht verzinst, insbesondere, wenn man gewisse Voraussetzungen in Berücksichtigung zieht, die weiter unten erwähnt werden.

Im Jahre 1884 betrug bei den normalspurigen Bahnen zusammen der zur Verzinsung des Anlagekapitals erzielte Werth 40,77 pCt. der Bruttoeinnahme, bei den schmalspurigen Bahnen dagegen 36,24 pCt. Den hiernach verbleibenden Theil von 59,23 bezw. 63,76 pCt. nahmen die Betriebskosten in Anspruch.

Die gegen Ende des Jahres 1884 eröffneten vier schmalspurigen Bahnen haben zur Zeit einen noch schwachen Verkehr. In dem obengenannten Ergebniss für das Jahr 1884 (von 36,24 pCt.) kam ihr Einfluss — da dieselben durchgehends erst in den letzten Monaten des genannten Jahres dem Betrieb übergeben wurden — nur auf einen verhältnissmässig kleinen Jahrestheil zur Geltung. Wäre ihre volle Jahreswirkung auch bei dem Ergebniss des Jahres 1884 mit berücksichtigt worden, so würde sich dieses nach den jetzt vorliegenden Berechnungen für das Jahr 1885 auf 27,3 pCt. abmindern, denn die Betriebskosten würden in diesem Falle 72,7 pCt. der Bruttoeinnahme — für alle sechs schmalspurigen Linien zusammengenommen — ergeben. Dies ist ein Rentabilitätsergebniss, wie es beispielsweise im Jahre 1884 bei der älteren Flöha-Annaberger Linie mit einem mittleren Verkehr bestand.

Wie schon im Abschnitt I hervorgehoben ist, entspringen die Verkehrseinnahmen der schmalspurigen Sekundärbahnen in ihrer Gesammtheit zur Zeit fast zu gleichen Theilen aus dem Personen- und Güterverkehr. Das spezielle Verhältniss beider Verkehre zu einander ist abhängig von den verschiedenen Verkehrsbedürfnissen und daher zeitlich und örtlich wechselnd.

Neue Bahnlinien finden in der Regel, wenn sie nicht lediglich zur Abfuhr von vornherein bestimmter, an gewissen Orten vorhandener Massengüter dienen, wie dies z. B. bei den Kohlenbahnen in der Regel der Fall ist, zunächst einen verhältnissmässig schwachen Güterverkehr vor, so dass öfters die Personenverkehrseinnahmen — selbst bei nur gewöhnlicher Frequenz — die Einnahmen aus dem Güterverkehr übersteigen, oder doch wenigstens diesen Einnahmen sehr nahe kommen. Dies ist zwar an sich kein günstiges Verhältniss, aber eine ganz natürliche Erscheinung, denn während der Personenverkehr in der Hauptsache sofort von der neuen Bahn angezogen wird, müssen sich die gewerblichen Unternehmungen an der neu entstandenen Bahnlinie erst nach und nach auf die Benutzung der Bahn und die hiermit in der Regel verbundene Produktionssteigerung einrichten. Hieraus ist es zu erklären, dass der Frachtenverkehr in der Mehrzahl der Fälle erst einige Jahre nach der Eröffnung der Bahn zunimmt.

Die Ertragsfähigkeit der Bahnen in abstracto hängt vorwiegend von zwei Hauptfaktoren ab, erstens von dem vorhandenen Verkehrsbedürfniss und zweitens von den Tarifen.

Beide stehen insofern mit einander in ursächlichem Zusammenhange, als niedrige Tarifsätze unter normalen Verhältnissen eine vermehrte Frequenz erzeugen; die öftere Wiederkehr des Transportbedürfnisses wird hierdurch gefördert. Dies wird beispielsweise bestätigt durch die Personen-Verkehrsbewegung der neueren Zeit, welche durch die mannigfachen Begünstigungen, die namentlich innerhalb des letzten Jahrzehnts dieser Verkehrsbranche zu Theil geworden sind, ganz ausserordentlich an Umfang gewonnen hat. Vor wenig Jahren berechneten sich auf jeden Kopf der Bevölkerung Sachsens alljährlich durchschnittlich 6 Eisenbahnfahrten. Im Jahre 1884 ist dieser Durchschnitt auf 7 Fahrten oder um 17 pCt. gestiegen.

In höherem Masse noch tritt diese belebende Wirkung beim Güterverkehr hervor, zumal hier nicht nur jede Erleichterung und Verbesserung des Verkehrswesens, sondern auch jeder Fortschritt auf dem Gebiet der Produktion selbst vortheilhaft auf den Güterumlauf wirkt.

In folgendem sind die finanziellen Ergebnisse der im Jahre 1884 voll im Betrieb gewesenen zwei normal- und zwei schmalspurigen Sekundärbahnen im Vergleich mit den wichtigsten Durchschnittsergebnissen des Gesammtbahnnetzes rechnungsmässig dargestellt:

Einnahme, Ausgabe, Ueberschuss, Rentabilität im Betriebsjahre 1884.

	Pirna-Berggiesshübel 14,92 km	Johanngeorgenst.-Schwarzenberg 17,33 km	Wilkau-Saupersdorf 10,05 km	Hainsberg-Kipsdorf 25,74 km	Ergebnisse aus der Gesammtheit der Staatsbahn.
			Mark		
Einnahmen.					
Aus dem Personen- und Gepäckverkehre	38 202,72	33 659,92	31 628,11	85 080,41	—
Aus dem Güterverkehre	81 366,24	53 290,84	50 206,03	49 107,21	—
Vergütung für Ueberlassung von Bahnanlagen und für Leistungen zu Gunsten Dritter	5,23	21,19	—	259,42	—
Vergütung für Ueberlassung von Transportmitteln	1 142,58	897,39	56,00	60,00	—
Erträge aus Veräusserungen	14,32	49,25	3,87	1 238,42	—
Verschiedene sonstige Einnahmen	17 929,63	2 273,80	1 046,55	1 737,89	—
zusammen	138 660,72	90 192,39	82 940,56	137 483,35	
Durchschnittlich pro Kilometer Bahnlänge	9 293,61	5 204,41	8 252,79	5 341,23	31 445,48
„ „ Nutzkilometer	3,6313	1,7820	2,4389	2,1184	3,9695
„ „ Wagenachskilometer	0,2330	0,1863	0,1261	0,1131	0,1090
Ausgaben.					
Besoldungen und Gehalte der etatmässigen Beamten	11 621,41	18 887,76	11 295,68	17 706,02	—
Andere persönliche Ausgaben	12 756,68	16 684,40	23 887,63	26 746,53	—
Allgemeine Kosten	1 273,20	1 378,06	1 296,01	1 578,59	—
Kosten der Unterhaltung der Bahnanlagen	4 578,24	7 257,80	5 036,54	7 320,22	—
Kosten des Bahntransports	6 662,89	10 415,88	6 670,10	14 198,99	—
Kosten für Erneuerung bestimmter Gegenstände	6 971,14	4 544,28	4 328,12	10 697,32	—
Kosten für erhebliche Ergänzungen, Erweiterungen und Verbesserungen	—	—	3 008,76	—	—
Kosten für Benutzung fremder Bahnanlagen, beziehungsweise Beamten	—	11,13	10,46	16,79	—
Kosten der Benutzung fremder Transportmittel	1 652,13	1 296,51	—	—	—
zusammen	45 515,69	60 475,82	55 534,30	78 264,46	
Durchschnittlich pro Kilometer Bahnlänge	3 050,65	3 489,66	5 525,80	3 040,58	18 626,46
„ „ Nutzkilometer	1,1920	1,1949	1,6330	1,2059	2,3513
„ „ Wagenachskilometer	0,0765	0,1249	0,0844	0,0644	0,0646
„ Prozente der Bruttoeinnahme	32,825	67,052	66,957	56,927	59,234

	Pirna-Berggiesshübel 14,92 km	Johanngeorgenst.-Schwarzenberg 17,33 km	Wilkau-Saupersdorf 10,05 km	Hainsberg-Kipsdorf 25,74 km	Ergebnisse aus der Gesammtheit der Staatsbahn.
Abschluss.			M a r k		
Summa der Einnahmen	138 660,72	90 192,39	82 940,56	137 483,35	—
Summa der Ausgaben	45 515,69	60 475,82	55 534,30	78 264,46	—
Ueberschuss . .	93 145,03	29 716,57	27 406,26	59 218,89	
Prozente des Anlagekapitals	10,129	1,173	3,799	3,841	4,571
„ der Betriebsbruttoeinnahme . .	67,175	32,948	33,043	43,073	40,766
„ „ Betriebsausgabe	204,644	49,138	49,350	75,665	68,822
Durchschnittlich pro Kilometer Bahnlänge . . .	6 242,96	1 714,75	2 726,99	2 300,65	12 819,02
„ „ Nutzkilometer	2,4393	0,5871	0,8059	0,9125	1,6182
„ „ Wagenachskilometer . .	0,1565	0,0614	0,0417	0,0487	0,0444

Prozentuale Bedeutung der vorstehend in absoluten Zahlen aufgeführten Ergebnisse.

	Pirna-Berggiesshübel	Johann-georgenstadt-Schwarzenberg	Wilkau-Saupersdorf	Hainsberg-Kipsdorf	Staatsbahnen überhaupt
			P r o z e n t		
Einnahmen:					
Aus dem Personen- und Gepäckverkehre	27,551	37,320	38,133	61,884	29,586
Aus dem Güterverkehre	58,680	59,086	60,533	35,719	65,193
Vergütung für Ueberlassung von Bahnanlagen u. s. w. . .	0,004	0,023	—	0,189	1,003
Vergütung für Ueberlassung von Transportmitteln . . .	0,824	0,995	0,067	0,044	2,248
Erträge aus Veräusserungen	0,010	0,055	0,005	0,900	0,179
Verschiedene sonstige Einnahmen	12,931	2,521	1,262	1,264	1,791
	100,000	100,000	100,000	100,000	100,000
Ausgaben:					
Besoldungen und Gehalte der etatmässigen Beamten . .	25,533	31,232	20,342	22,623	26,555
Andere persönliche Ausgaben	28,027	27,589	43,014	34,175	28,178
Allgemeine Kosten	2,797	2,279	2,334	2,017	4,296
Kosten der Unterhaltung der Bahnanlagen	10,059	12,001	9,069	9,353	9,317
Kosten des Bahntransports	14,639	17,223	12,011	18,142	13,534
Kosten für Erneuerung bestimmter Gegenstände . . .	15,316	7,514	7,794	13,668	8,994
Kosten für erhebliche Ergänzungen, Erweiterungen u. s. w.	—	—	5,418	—	1,019
Kosten der Benutzung fremder Bahnanlagen u. s. w. . .	—	0,018	0,018	0,022	2,629
Kosten der Benutzung fremder Transportmittel	3,629	2,144	—	—	5,478
	100,000	100,000	100,000	100,000	100,000

Vertheilung der Ausgaben nach Dienstzweigen.

	Allgemeine Verwaltung	Bahnverwaltung	Transportverwaltung				
			äusserer Bahnhofsdienst	Expeditionsdienst	Zugbegleitungsdienst	Zugförderungsdienst	Zusammen
			a) in absoluten Zahlen (Mark)				
Pirna-Berggiesshübel	2 300,84	13 475,86	5 070,86	4 632,08	3 549,18	16 486,87	45 515,69
Johanngeorgenstadt-Schwarzenberg . . .	2 171,60	16 488,73	7 043,31	8 165,29	4 337,02	22 269,87	60 475,82
Wilkau-Saupersdorf	2 422,12	14 220,19	3 946,30	17 304,74	4 279,16	13 361,79	55 534,30
Hainsberg-Kipsdorf	3 992,84	22 056,08	7 825,81	13 375,71	5 552,53	25 461,49	78 264,46
			b) in Prozenten:				
Pirna-Berggiesshübel	5,055	29,607	11,141	10,177	7,798	36,222	100,000
Johanngeorgenstadt-Schwarzenberg . . .	3,591	27,265	11,646	13,502	7,171	36,825	100,000
Wilkau-Saupersdorf	4,361	25,606	7,106	31,161	7,705	24,061	100,000
Hainsberg-Kipsdorf	5,102	28,181	9,999	17,090	7,095	32,533	100,000
Staatsbahnen überhaupt	6,601	26,314	14,461	13,429	7,700	31,495	100,000

Bei Vergleichung der Ergebnisse der normal- und schmalspurigen Bahnen im Jahre 1884 pro Achskilometer mit einander, ergiebt sich eine grosse Uebereinstimmung der beiderseitigen Durchschnittswerthe. Es berechnen sich pro Achskilometer bei den

	normalspurigen Bahnen zusammen:	schmalspurigen Bahnen zusammen:
von der Einnahme	10,90 ₰	11,24 ₰
„ „ Ausgabe	6,45 „	7,17 „
vom Ueberschuss	4,45 „	4,07 „

An diesen Ergebnissen ist im allgemeinen kaum ein Unterschied zwischen den Ertragsverhältnissen der normal- und schmalspurigen Bahnen wahrzunehmen. Dabei ist jedoch zu berücksichtigen, dass das Gesammtergebniss der schmalspurigen Linien — welches sich für das Jahr 1884 nur aus den Ertägnissen der beiden frequenteren Schmalspurbahnen Wilkau-Saupersdorf und Hainsberg-Kipsdorf zusammensetzte — durch das Hinzutreten der im Jahre 1884 neu eröffneten verkehrsärmeren Linien Döbeln-Oschatz, Radebeul-Radeburg, Klotzsche-Königsbrück und Zittau-Markersdorf bis zu einem gewissen Grade modifizirt werden muss. Berücksichtigt man das Ergebniss dieser letzteren Linien — auf Grund der inzwischen gewonnenen Resultate — mit, so stellt sich das beiderseitige Durchschnittsergebniss pro Achskilometer folgendermassen:

	bei den	
	normalspurigen Bahnen zusammen:	schmalspurigen Bahnen zusammen:
von der Einnahme	10,90 ₰	9,86 ₰
„ „ Ausgabe	6,45 „	7,17 „
vom Ueberschuss	4,45 „	2,69 „

Hiernach weicht selbst unter dem Einflusse der verkehrsärmeren 4 Schmalspurbahnen das Durchschnittsergebniss pro Achskilometer der schmalspurigen Bahnen von dem der normalspurigen Bahnen in ihrer Gesammtheit nicht so erheblich ab, als man ohne diesen ziffermässigen Nachweis bei den durchschnittlich geringeren Produktionsverhältnissen der auf die Schmalspurbahnen angewiesenen Landestheile und der geringeren Leistungsfähigkeit dieser Linien an sich vielleicht annehmen könnte.

Dieses Ergebniss der schmalspurigen Bahnen findet sich annähernd wieder auf der bereits weiter vorn erwähnten Flöha-Annaberger Primärbahn, denn es beträgt pro Achskilometer:

	bei der Flöha-Annaberger Primärbahn	bei sämmtlichen Schmalspurbahnen
die Einnahme	10,38 ₰	9,86 ₰
die Ausgabe	7,45 „	7,17 „
der Ueberschuss	2,93 „	2,69 „

Diese Uebereinstimmung in der Einnahme und Ausgabe pro Achskilometer muss angesichts der geringeren Leistungsfähigkeit der Schmalspurbahnen sowie auch in Anbetracht des thatsächlich billigeren Betriebes derselben zunächst auffallend erscheinen, zumal die hier zum Vergleich gestellte Normalbahn immer noch zu den frequenteren Linien des Hauptbahnnetzes gehört. Doch kommt die geringere Leistungsfähigkeit der Schmalspurbahnen in dieser Beziehung erfahrungsgemäss nur beim Güterverkehr zum Ausdruck. Die Ausnutzung der bewegten Personenwagenplätze ist auf den Schmalspurbahnen trotz des geringeren Fassungsraumes der hier verwendeten Personenwagen (pro Wagenachse) mindestens eben so gross wie auf den Normalbahnen, zum Theil sogar grösser. Diese Thatsache drückt sich in dem Ergebniss pro Personenwagen-Achskilometer aus, dasselbe beträgt im Durchschnitt bei der Schmalspurbahn 10,20 ₰, bei der Flöha-Annaberger Linie speziell 11,30 ₰, beide sind mithin nur um 1,10 ₰ verschieden. Da nun von allen Achskilometern der im Betrieb befindlichen Schmalspurbahnen mehr als die Hälfte, nämlich 52 pCt., auf die Personenwagen entfallen, so sind auch hier bei der Hälfte der Achskilometer dieselben Vorbedingungen in Ansehung der Einnahme vorhanden, wie bei den Normalbahnen, bezw. im vorliegenden Falle bei der Flöha-Annaberger Linie.

Bei der Einnahme der Schmalspurbahnen aus dem Güterverkehr kommt zunächst die Einnahme aus den Umladegebühren — denen allerdings andererseits auch wieder eine entsprechende Ausgabe gegenübersteht — in Betracht. Weiter verbleibt auch den Schmalspurbahnen ein verhältnissmässig grösserer Antheil aus den Expeditionsgebühren, während sich diese bei den Hauptbahnen auf eine grössere durchschnittliche Transportstrecke vertheilen und deshalb in geringerem Masse auf das Achskilometerergebniss einwirken. Dabei kommt auch in Betracht, dass bei den Schmalspurbahnen das Mischungsverhältniss zwischen den höher tarifirten Stückguttransporten und den billigeren Wagenladungsgütern — infolge des Wegfalls des Durchgangsverkehrs, der ja bekanntermassen zumeist die niedrigst tarifirten Massengüter, wie Kohlen u. s. w. betrifft — ein für die Eisenbahnverwaltung günstigeres ist, wie auf den Normalbahnen.

Bezüglich des finanziellen Werthes des beiderseitigen Achskilometerergebnisses waltet der wesentliche Unterschied ob, dass bei dem Güterverkehr der Schmalspurbahnen infolge der geringeren Tragfähigkeit der Wagen zur Bewältigung des gleichen Transportquantums in der Regel eine grössere Anzahl Achskilometer nöthig ist, wie bei den Hauptbahnen. Es stellt sich mithin auch im vorliegenden Falle das Achskilometerergebniss aus dem Güterverkehr der Schmalspurbahnen für die Gewichtseinheit thatsächlich höher, wie bei der Hauptbahn, speziell bei der Flöha-Annaberger Normalbahn. In der Regel wird man sagen können, dass wenigstens soweit auf der Hauptbahn für die Beförderung der Wagenladungsgüter doppeltragfähige Wagen (zu 10 000 kg Tragkraft) Verwendung finden — der Ueberschuss der Schmalspurbahn für die Gewichtseinheit doppelt so gross ist, wie bei der Normalbahn, im vorliegenden Falle also 2 × 2,69 = 5,38 ₰ gegenüber dem Achskilometerergebniss von 2,93 ₰ bei der Flöha-Annaberger Normalbahn.

Dass die Ausgaben der Schmalspurbahnen pro Achskilometer in dem vorliegenden Beispiele dieselbe Höhe aufweisen, wie das Achskilometer der Normalbahn, findet seine Erklärung hauptsächlich in der Hinzurechnung der Umladekosten, die namentlich bei den Schmalspurlinien mit etwas regerem Güterverkehr gegenüber der Gesammtsumme der sonstigen Betriebsausgaben ganz wesentlich in das Gewicht fallen. Dabei wirkt auch der Umstand mit, dass auf den Schmalspurbahnen zur Bewältigung des gleichen Transportquantums eine grössere Anzahl von Zügen und Wagen nöthig ist, als auf den Normalbahnen, wodurch bei den Linien der erstgedachten Gattung selbstredend der diesfallsige Transportaufwand für die Gewichtseinheit entsprechend erhöht werden muss.

Im allgemeinen stellt sich das kilometrische Jahresergebniss sämmtlicher sechs Schmalspurbahnen zusammen in der Einnahme um das 5,2 fache und in der Ausgabe um das 4,3 fache geringer als bei der Gesammtheit der Normalspurbahnen.

Unter Reduktion der doppelgleisigen Strecken der Normalbahnen auf eingleisige Bahnlänge berechnet sich pro Kilometer Bahn

	bei normalspurigen Bahnen zusammen	schmalspurigen Bahnen zusammen
	ℳ	ℳ
Einnahme	23 401	4 479
Ausgabe	13 857	3 259
Ueberschuss	9 544	1 220

Diejenigen älteren, nachträglich zu Sekundärbahnen erklärten Hauptlinien der Sächsischen Staatsbahnen, welche mit ihren Ergebnissen den vorstehenden spezifischen Ergebnissen der Schmalspurbahnen zusammen nahe kommen, verlangen entweder Betriebszuschuss oder liefern nur einen geringen Reingewinn.

So ergeben sich beispielsweise nach den Rentabilitätsberechnungen des Jahres 1884 pro Kilometer Bahnlänge:

bei der Linie	Einnahme	Ausgabe	Ueberschuss	Zuschuss
	ℳ	ℳ	ℳ	ℳ
Neustadt-Dürrröhrsdorf	3 736	3 757	—	21
Herlasgrün-Oelsnitz	3 907	4 356	—	449
Weida-Mehltheuer	4 101	4 941	—	840
Rochlitz-Penig	4 618	3 892	726	—
Riesa-Nossen	4 938	4 859	79	—

Aus dem weiter vorn ersichtlichen finanziellen Nachweise über die Vertheilung der Betriebsausgaben auf die einzelnen Dienstzweige ergiebt sich bei jeder der dort genannten Sekundärbahnen im allgemeinen ein ähnliches Mischungsverhältniss wie bei den Sächsischen Staatsbahnen überhaupt. Am grössten ist die Uebereinstimmung in der prozentualen Bedeutung der Ausgaben für den Zugbegleitungsdienst. Auch bei den übrigen Dienstzweigen ist die Aehnlichkeit des Mischungsverhältnisses unverkennbar. Nur bei der Wilkau-Saupersdorfer Linie ist eine grössere Abweichung in zwei Ausgabezweigen vorhanden. Der geringere Aufwand für den äusseren Bahnhofsdienst im Vergleich zu anderen Bahnen beruht namentlich auf der geringen Zahl der mit Beamten besetzten Verkehrsstellen; dagegen tritt der Aufwand für den Güterexpeditionsdienst stärker hervor, weil die Umladekosten für den beträchtlichen Güterverkehr unter den Ausgaben vorwiegen. Bei der Kürze der Linie kommt überhaupt das gegenseitige Verhältniss der einzelnen Rechnungsposten nicht mit derjenigen Schärfe zum Ausdruck, wie dies bei längeren Linien der Fall zu sein pflegt.

Bei Beurtheilung der Verkehrsergebnisse im allgemeinen darf nicht unberücksichtigt bleiben, dass — wie bereits im Abschnitt VI des näheren ausgeführt worden — für den hier vorzugsweise in Betracht kommenden Güterverkehr der Schmalspurbahnen im Prinzip nur dieselben niedrigeren Tarifeinheitssätze, die für das Hauptbahnnetz gelten, zur Anwendung gelangten, während bei den übrigen Deutschen Schmalspurbahnen im finanziellen Interesse von vornherein zum Theil wesentlich höhere Gütereinheitssätze eingerechnet worden sind.

Wie bereits erwähnt, haben sämmtliche bis jetzt in Betrieb gesetzten Sekundärbahnen einen grösseren oder kleineren Ueberschuss über die Betriebskosten ergeben. Die Anlagekapitale der im Jahre 1884 voll im Betriebe gewesenen vier Linien wurden verzinst durch

	die Roheinnahme pCt.	den Reingewinn pCt.
bei der Pirna-Berggiesshübler Linie mit	15,078	10,129
„ „ Johanngeorgenstadt-Schwarzenberger Linie . „	3,559	1,173
„ „ Wilkau-Saupersdorfer Linie „	11,497	3,799
„ „ Hainsberg-Kipsdorfer Linie „	8,918	3,841

Der Betriebsaufwand betrug demnach vom Anlagekapitale

4,949 pCt. bei der Pirna-Berggiesshübler Linie,

2,386 „ „ „ Johanngeorgenstadt-Schwarzenberger Linie,

7,698 „ „ „ Wilkau-Saupersdorfer Linie und

5,077 „ „ „ Hainsberg-Kipsdorfer Linie.

Das hohe Anlagekapital der Johanngeorgenstadt-Schwarzenberger Linie, welches sich auch in der niedrigeren Verhältnissziffer des Betriebsaufwandes zum Anlagekapital ausdrückt, ward durch den Betriebsüberschuss von 29 717 M. nur schwach verzinst.

Unter den Schmalspurbahnen verzinste die Wilkau-Saupersdorfer Linie ihr Anlagekapital am höchsten, dafern die Ergebnisse des Jahres 1885 mit in Betracht gezogen werden. In diesem Jahre ist die Verzinsung um ca. 1 pCt. grösser als die im Jahre 1884 (3,799 pCt.), denn sie stellte sich auf 4,763 pCt. Die Wilkau-Saupersdorfer Linie hat den durch den Hinzutritt der verkehrsärmeren Strecke Kirchberg-Saupersdorf hervorgerufenen Druck auf das Verzinsungsergebniss im Vergleich zum ersten vollen Betriebsjahre (1882 = 5,256 pCt.) fast

Dresden, 1886.

überwunden. Dagegen hat bei der Hainsberg-Kipsdorfer Linie der Hinzutritt des Anlagekapitals der wenig frequenten Strecke Schmiedeberg-Kipsdorf das frühere Verzinsungsergebniss (1883 = 5,507 pCt.) erheblich beeinflusst. Zudem hat auch der Verkehr auf dieser Linie etwas abgenommen. Im Jahre 1885 sind die Verkehrseinnahmen im Vergleich zum Vorjahre um 9 545 M. zurückgegangen. Davon entfielen auf den Personenverkehr 6 205 M. infolge des Rückganges des Vergnügungsverkehrs und 3 340 M. auf den Güterverkehr. Die Verzinsung des Anlagekapitals beträgt im Jahre 1885 2,654 pCt.

Von den gegen Ende des Jahres 1884 eröffneten vier schmalspurigen Bahnen liegen die Ergebnisse auch für das Jahr 1885 bereits vor; nach denselben beträgt die Verzinsung der Anlagekapitale:

0,74 pCt. bei der Oschatz-Döbelner Linie,

3,38 „ „ „ Radebeul-Radeburger Linie,

0,76 „ „ „ Klotzsche-Königsbrücker Linie und

1,69 „ „ „ Zittau-Markersdorfer Linie.

Werden nun die Ergebnisse der sechs schmalspurigen Sekundärbahnen zu einer Jahressumme zusammengefasst, so entstehen 521 796 M. Betriebseinnahmen, 379 688 M. Betriebsausgaben und 142 108 M. Betriebsüberschuss. Dieser Ueberschuss verzinst das Gesammtanlagekapital mit 2,16 pCt.

Bei Aufstellung der Rentabilitätsberechnungen wird den Sekundärbahnen, wie überhaupt allen Linien, ein Antheil von den Central-Verwaltungskosten zugeschrieben. Auch für die Mitbenutzung der auf den Anschlussbahnhöfen für die Hauptbahnen vorhandenen Betriebskraft wird den Sekundärbahnen ein bestimmter Antheil angelastet. Die den sechs Schmalspurbahnen zusammen auf diese Weise zugerechneten Betriebskostenantheile betragen gegenwärtig pro Jahr rund 22 000 M. Thatsächlich bilden dieselben keinen baaren Mehraufwand. Lässt man diese Antheilskosten hiernach bei Beurtheilung des Endergebnisses unberücksichtigt, so verzinst sich das Anlagekapital der sechs Schmalspurbahnen zusammen zur Zeit zu 2,43 pCt., bei den einzelnen Linien dagegen wie folgt:

5,2 pCt. bei der Wilkau-Saupersdorfer Linie,

2,9 „ „ „ Hainsberg-Kipsdorfer Linie,

1,1 „ „ „ Oschatz-Döbelner Linie,

3,7 „ „ „ Radebeul-Radeburger Linie,

1,1 „ „ „ Klotzsche-Königsbrücker Linie und

2,0 „ „ „ Zittau-Markersdorfer Linie.